B1

Teresa Bordón
Carmen Bordón

objetivo
DELE

Modelos y estrategias

Español Lengua Extranjera

SGEL

Primera edición, 2012

Produce: SGEL – Educación
         Avda. Valdelaparra, 29
         28108 Alcobendas (MADRID)

© Teresa Bordón y Carmen Bordón

© Sociedad General Española de Librería, S. A., 2012
   Avda. Valdelaparra, 29, 28108 Alcobendas (MADRID)

Edición: Belén Cabal
Diseño de cubierta: Thomas Hoermann
Diseño y maquetación: Leticia Delgado
Ilustraciones: Gonzalo Izquierdo
Fotografías: Shutterstock Images LLC, excepto: (c) Migel / Shutterstock.com, pág. 25, Sanfermines;
(c) SandiMako / Shutterstock.com, pág. 29, Feria de Abril; (c) tipograffias / Shutterstock.com, pág. 31,
Catrina; Cordon Press, pág. 23, El Padrino.

ISBN: 978-84-9778-422-1
Depósito legal: M-33160-2012
Printed in Spain – Impreso en España

Impresión: Gráficas Rógar, S.A.

Presentación

Este libro tiene como objetivo contribuir a la preparación de las personas que quieran presentarse a los exámenes del DELE B1. Pretendemos que resulte de utilidad tanto para los candidatos que asistan a clases preparatorias para el examen, como para quienes decidan estudiar por cuenta propia.

Consta de seis unidades temáticas, organizadas en tres grandes bloques: destrezas escritas, destrezas orales y competencia lingüística. Esta organización facilita, por una parte, que a través de las destrezas el estudiante integre sus conocimientos gramaticales y léxicos, así como sus habilidades de uso de la lengua. Y, por otra, permite aislar en una sección aparte los elementos puramente lingüísticos, haciendo hincapié en cuestiones formales sin perder de vista su aplicación a la resolución de tareas comunicativas.

Del mismo modo, la división entre destrezas escritas y destrezas orales es coherente con la estructura formal más frecuente en los exámenes de nivel de dominio (como es el destinado a la obtención de los DELE). En ellos, en primera posición suele aparecer la sección destinada a evaluar la comprensión de lectura (o comprensión lectora); y, en segunda, la dirigida a la expresión escrita. A continuación, en tercer lugar, se incluye la comprensión auditiva; y, en el cuarto, se propone la prueba dirigida a extraer lengua oral a través de la expresión y la interacción. Y, aunque no siempre los exámenes de nivel incluyen una sección específica centrada en la competencia lingüística, nos ha parecido oportuno dedicar un apartado a la gramática y al vocabulario, ya que un buen conocimiento y dominio de los elementos formales de la lengua constituye una valiosa herramienta para facilitar la comunicación y realizarla con éxito.

La división en bloques permite, además, que se siga el orden propuesto en el texto o que el profesor o el aprendiz empiecen por donde les parezca más conveniente.

Se ha optado por unidades temáticas porque de este modo se pueden integrar de manera natural la competencia lingüística (gramática y vocabulario) con la competencia pragmática (uso de la lengua y funciones comunicativas), al tiempo que permite retomar diversos aspectos de los conocimientos y funciones a través de las distintas destrezas orales y escritas.

Asimismo, se han elegido temas relacionados con áreas de interés general, intentando que a través de los textos y las actividades se proporcione conocimiento sociolingüístico, así como información cultural, tanto académica como de la vida cotidiana de los países hispanohablantes.

Para la selección de funciones comunicativas, así como para la de contenidos gramaticales y léxicos, nos hemos basado fundamentalmente en los descriptores para el nivel B1 del Plan curricular del Instituto Cervantes.

Al final de cada unidad se ofrece un glosario con léxico relacionado con los contenidos tratados.

En las unidades también se incluyen diferentes tipos de informaciones y sugerencias que contribuirán a reforzar la preparación del candidato para la obtención del DELE B1: **Truco** (para ayudar al estudiante en su preparación para el examen), **Recuerde** (para repasar contenidos lingüísticos importantes de este nivel), **Consejo** (para resolver las actividades) e **Info** (para ampliar los conocimientos).

Índice

Estudios y trabajo

- Identificar las ideas principales en un texto
- Hacer sugerencias y dar consejos
- Reconocer conectores sintácticos
- Exponer y describir en pasado

I COMPRENSIÓN DE LECTURA Y EXPRESIÓN ESCRITA

Leer

1 Lea el siguiente texto y marque la opción correcta.

Texto 1

RELACIONES LABORALES

Que no te **roben** las ideas

En todas las empresas existe algún trabajador desaprensivo que puede apropiarse de tus iniciativas para ascender a tu costa. Deberías estar alerta.

ENRIQUE GALLUD JARDIEL

A todos nos gustaría vivir en un mundo perfecto, donde la bondad y la honradez fueran la tónica. Desgraciadamente, la realidad no es así: los malvados existen. Puedes encontrarte con ladrones en la empresa en la que trabajas y te pueden despojar no solo de tus posesiones materiales, sino de algo mucho más valioso: tus ideas, tus proyectos, las creaciones de tu mente.

Las ideas útiles y prácticas suelen proporcionar poder. Y si hablamos de un sistema de trabajo en común, donde se dialoga y se trabaja en grupo, es fácil que alguien presente como suya una propuesta que surgió en una reunión de trabajo que propuso otro. Aunque, en ocasiones, si un trabaja-

dor sabe que otro se adjudicará el mérito, deja de poner su creatividad al servicio de los jefes, pierde motivación y procura pensar lo mínimo para realizar su cometido.

Estas actitudes crean resentimiento entre compañeros y el ambiente de trabajo puede hacerse muy tenso. Este efecto se multiplica cuando son los jefes los que se apropian de las ideas de sus subordinados. En esos casos, la moral del equipo laboral queda por los suelos y su productividad se reduce de manera drástica. Tras el robo de la idea, poco se puede hacer. Debemos, pues, evitar que esto suceda.

Adaptado de 20 minutos

1 Según el texto, dentro de una empresa un compañero roba sus ideas a otro para…
- a ponerla al servicio de los jefes.
- b estar en una situación de poder.
- c vengar un resentimiento.
- d crear tensiones en el grupo.

2 En el texto podemos leer que en las empresas…
- a cuando se trabaja en grupo prevalece la honradez.
- b los ladrones de ideas suelen formar un equipo.
- c los jefes defienden las ideas de sus subordinados.
- d el robo de ideas fomenta la desmotivación de los trabajadores.

2 Lea el siguiente texto y complete el espacio con el epígrafe adecuado de entre los que se le facilitan en la lista de abajo.

Previsión - Informática - Conversaciones - Documentos - Cautela - Autoría

Texto 2

Cómo prevenir **el robo de ideas**

1_____:

Conviene vigilar lo que hablamos, pensar qué decimos y delante de quién. No deberíamos hacer confidencias laborales a las personas de las que no estamos totalmente seguros. Las amistades de oficina pueden no ser tales y ceder ante la posibilidad de un ascenso o un premio.

2_____:

Hay que saber dónde se habla y quién puede estar escuchando. Cerca de las puertas, en los lavabos y zonas comunes no son los lugares idóneos para tratar los proyectos que se nos ocurren. Recomendamos ser muy discretos.

3_____:

Es aconsejable poner por escrito nuestras propuestas y hacerlas circular con fecha y firma. Constará luego que fuimos nosotros los primeros que pensamos en aquello.

4_____:

Es muy útil controlar nuestro ordenador. Para eso sirven los sistemas de seguridad y las contraseñas. Si abandonas tu asiento, cierra tus archivos privados. Nunca sabes quién puede pasar por delante de tu mesa ni qué puede hacer.

5_____:

Si sospechas que tu jefe puede apropiarse indebidamente de una iniciativa tuya, sé especialmente precavido. Antes de entregarle cualquier propuesta, asegúrate de que tus compañeros saben que vas a hacerlo y de que él sabe que lo saben. Puede parecer enrevesado, pero es la mejor forma de protegerte. No pongas todos los datos en el escrito; resérvate algo para que no pueda presentar la idea como suya ante otros.

6_____:

Te aconsejamos no dejar papeles comprometedores sobre tu mesa. Es mejor que tengas tus proyectos en casa hasta el momento de presentarlos en público.

Adaptado de 20 minutos

¿Qué fue de los mejores de la clase?

Por Isabel Navarro

El éxito en la universidad no es garantía del éxito **en la vida,** pero algo ayuda. Según un estudio de la OCDE, el sueldo de los españoles con título universitario es un 25 por ciento superior al de los trabajadores que solo han terminado la secundaria, y su riesgo de estar en paro es muy inferior. Pero es fácil perder el optimismo cuando cada vez es más frecuente que nuestros titulados superiores desempeñen tareas que no se corresponden con su formación y están prácticamente a la cola de los sueldos de la Unión Europea.

«Los mejores académicamente no tienen por qué serlo cuando cambian de entorno –explica el consultor en recursos humanos, Gustavo Ruiz– sobre todo porque fuera del contexto universitario hay que pelearse de otra manera y los que deciden sobre ti no son tan inteligentes ni están tan preparados como tú». Lo paradójico, según este experto, es que «en el contexto laboral y en el estudiantil las habilidades necesarias para triunfar son las mismas: responsabilidad y afán de logro». La diferencia es que, mientras un estudiante controla ambos conceptos, un trabajador los tiene que negociar. Es decir, como estudiante, tú eres quien decide preparar el examen, quien decide asistir a clase, quien decide cuándo, cómo y por qué lo que sea. Un trabajador, en cambio, está a merced de vicisitudes que no controla. De alguna manera, aunque la empresa construye

«Los mejores académicamente no tienen por qué serlo cuando cambian de entorno».

espacios para actuar individualmente, en ella se está sometido a las decisiones de muchos. Las habilidades pueden seguir siendo las mismas, pero las reglas del juego cambian. Y añade: «La responsabilidad se aprende, pero el afán de logro, la ambición, se tiene o no se tiene. Cuando un bebé llora para conseguir que le den de comer, está manifestando su afán de logro. También es muy importante el conocimiento personal para saber dónde estás; por decirlo de alguna manera: saber si eres de notable o de sobresaliente. Eso también ayuda».

Adaptado de XL Semanal

---

3 Marque la opción correcta.

1 Según este texto,

☐ a tener una titulación universitaria no implica necesariamente un sueldo mejor que el que no tiene esta formación.

☐ b el 25 por ciento de los titulados superiores es más optimista respecto a encontrar empleo que los que solo han estudiado la secundaria.

☐ c en la Unión Europea los sueldos para los titulados superiores son relativamente semejantes al resto de los españoles.

☐ d la OCDE sostiene en un estudio que las personas con titulación universitaria apenas corren peligro de estar en paro.

2 La responsabilidad y el afán de logro…

☐ a solo son conceptos en el ambiente estudiantil, mientras que en laboral son habilidades fundamentales para la negociación.

☐ b se consideran inherentes a la personalidad y se tienen o no: difícilmente se aprenden o adquieren.

☐ c son necesarios para triunfar igualmente como estudiante y trabajador, pero se deben saber aplicar.

☐ d deben saber usarse hábilmente por parte de la persona para enfrentarse a los superiores que sean menos inteligentes.

Las horas muertas e ineficaces

1 Los españoles solo completamos el 59% de las tareas que se marcan diariamente; un dato difícil de creer si tenemos en cuenta que somos, según la OCDE, el país europeo donde se trabaja más horas al año.

2 Los responsables de la Comisión Nacional para la Racionalización de Horarios Españoles señalan que en nuestro país preferimos comenzar la jornada con las tareas más gratificantes dejando para el final las más complicadas y que llevan más tiempo. Esto hace que padezcamos jornadas laborales interminables.

3 Algunos de los hábitos que podríamos empezar a cambiar pasan por dedicar menos tiempo a la hora de la comida, priorizar nuestras tareas o perder menos tiempo en distracciones que no nos permiten desarrollar nuestra actividad. Desde la Comisión Nacional consideran que una buena política de conciliación es una ventaja para las empresas que la lleven a cabo.

Adaptado de 20 Minutos

4 Haga una lectura rápida del texto y escriba en una lista lo que le parezca la idea principal de cada párrafo. Compare sus respuestas con un compañero. ¿Coinciden?

1 ....

2 ....

3 ....

5 ¿Qué marcador es el que mejor sustituiría la parte tachada del texto?

1 Los españoles solo completamos el 59% de las tareas que nos marcamos diariamente; ~~un dato difícil de creer si tenemos en cuenta que~~ somos, según la OCDE, el país europeo donde se trabaja más horas al año.

 ☐ a sin embargo ☐ b por lo tanto

 ☐ c tal vez ☐ d con tal de que

2 (...) en nuestro país preferimos comenzar la jornada con las tareas más gratificantes dejando para el final las más complicadas y que llevan más tiempo. ~~Esto hace que~~ padezcamos jornadas laborales interminables.

 ☐ a De modo que ☐ b Siempre y cuando

 ☐ c De ahí que ☐ d A fin de que

Escribir

ES HORA DE SACAR FUERA TUS TALENTOS

Sé el protagonista de tu propia "operación triunfo": respira hondo, sonríe y demuestra lo que sabes hacer mejor.

Por PALOMA CORREDOR

¡HAZ MEMORIA! Recuerda qué te encantaba hacer cuando eras pequeño. Entonces lo hacías por puro placer, pero después creciste y dejaste de jugar porque "tocaba" dedicarse a cosas más serias y garantizarse un futuro estable. ¿Te suena esta forma de actuar? Si te sientes atrapado en una vida llena de obligaciones, rutinas y rigidez, es hora de recuperar ese espíritu lúdico. Cultiva tus *hobbies*, permítete jugar, sonreír, dedicar tiempo a actividades que te dan placer y te hacen sentir creativo, ilusionado y confiado.

Adaptado de mujerdehoy.com

6 Después de leer el primer fragmento de este texto, escriba las cosas que hacía cuando era pequeño/a y que ya ha dejado de hacer.

Cuando era pequeño/a...

....

....

....

> **RECUERDE**
>
> El pretérito imperfecto se usa para hablar de acciones habituales en el pasado.

PIENSA EN TI. Reflexiona y date cuenta de cuáles son las cosas que haces bien sin esfuerzo. Por supuesto, algunas no hay más remedio que hacerlas aunque no nos gusten, nos aburran o incluso las detestemos. Pero seguro que en tu vida cotidiana hay tareas que te agradan y se te dan bien. Hay señales para reconocerlas: las haces con ganas, no te cansan, no miras el reloj cuando estás inmerso en ellas, te inspiran nuevas ideas... ¿Por qué? Porque te permiten desarrollar tus mejores cualidades.

7 ¿Qué cosas cree que hace bien?

Creo que...

....

....

....

CONSEJO

Puede usar verbos de opinión: *creo que, pienso que, me parece que*; verbos que expresen gusto o habilidad para algo: *me gusta, se me da bien...*

REÚNETE: Pregunta a los demás. Si estás convencido de que no tienes ningún talento especial, contrasta tu opinión con las personas que mejor te conocen. Pídeles que te digan cuáles creen que son tus puntos fuertes, tus mejores cualidades y los rasgos que te definen. Seguramente te sorprenderán, te harán ver nuevos aspectos de ti mismo o te den el empujón de confianza que necesitas (porque en el fondo sabes que vales mucho).

8 Complete.

Según los demás...

....

....

....

PREGÚNTATE A TI MISMO. Si no necesitara trabajar para vivir, ¿a qué dedicaría mi tiempo?

9 Complete.

Si no tuviera que trabajar para vivir...

....

....

....

....

....

¿Mejor sin carrera?

En España, la creencia de que estudiar una carrera es una garantía para encontrar un buen trabajo y tener un futuro está empezando a resquebrajarse, porque, en muchos casos, los sueldos de los universitarios no están al nivel de sus conocimientos. Por otra parte, la aspiración de los universitarios de trabajar en algo relacionado con los estudios que han cursado no siempre se cumple. La Agencia Nacional de Evaluación –ANECA– en su informe de 2008 recoge que más del 90% de las personas con título universitario que trabajan asalariadas lo hacen como empleados de oficina o técnicos de nivel medio y generalmente en algo que no está relacionado con los estudios que realizaron.

(Adaptado de *Metro*)

10 Después de leer esta información sobre la situación española, redacte un texto breve (entre 90 y 100 palabras), acerca de lo que ocurre a este respecto en su país, o en el país donde trabaja o estudia, o en algún otro país que conozca.

CONSEJO

Debe presentar hechos reales, proporcionar datos objetivos. La finalidad es producir un texto objetivo en el que no haya opinión, ni argumentación: solo exposición y descripción.

II COMPRENSIÓN AUDITIVA Y EXPRESIÓN E INTERACCIÓN ORALES

Escuchar

11 Escuche y complete este texto con palabras relacionadas con el mundo laboral.

La Comisión Nacional para la Racionalización de 1 .... ha elaborado un decálogo para lograr una buena 2 .... del tiempo en el trabajo. Veamos algunos de los puntos más importantes.

Separar lo personal de lo 3 .... Lograr la 4 .... entre la vida laboral y la personal es el primer objetivo. Para conseguirlo, intenta seguir la regla de los tres ochos: 8 horas de trabajo, 8 horas de tiempo libre y 8 horas de 5 ....

Priorizar. No todo es igual de urgente, así que 6 .... tu tiempo en función de ello y no devalúes el sentido de la palabra 'urgente'.

Decir 'no'. Aprender a rechazar ciertos 7 .... te ayudará a evitar tareas que no te corresponden.

Respetar los tiempos. Si te has comprometido a no extenderte más allá de un tiempo en una tarea, debes intentar cumplirlo y pedir a los demás que lo hagan también.

Puntualidad. Es una señal de respeto hacia los demás. Si respetas los horarios de tus citas o de comienzo de 8 ...., estarás más legitimado para salir puntualmente a la hora.

Combatir el presentismo. En la Comisión Nacional para la Racionalización de Horarios tienen claro que es un punto clave de este decálogo. Y añaden: «Las 9 .... cada vez evalúan más a sus trabajadores conforme a sus resultados. Pasar doce horas al día en la 10 .... no nos ayudará a ser más valorados en el trabajo, ni a ser más 11 ...., ni tampoco más eficaces».

13 Ahora, escuche dos veces esta otra oferta de trabajo. Después de la segunda audición, conteste a las preguntas.

1 ¿Qué busca la empresa que ha puesto el anuncio?

....
....

2 ¿Qué funciones tendrán las personas seleccionadas?

....
....

3 ¿Qué perfil se les pide a estas personas?

....
....

4 ¿Qué ofrece la empresa?

....
....

5 ¿Qué días se hará la selección?

....
....

6 ¿A qué teléfono deben llamar?

....
....

12 Escuche esta oferta de trabajo dos veces. Después de la segunda audición, seleccione a la persona que considera más adecuada para el puesto teniendo en cuenta las notas de la persona que las ha entrevistado.

Lola Ramírez. 47 años. Estudios básicos hasta secundaria. Experiencia como cocinera y camarera. Busca trabajo para los fines de semana.

Elena Padilla. 36 años. Licenciada en Marketing y Publicidad. Tiene experiencia en ventas. Muy tímida.

Laura Rodríguez. 44 años. Experiencia comercial desde hace más de 10 años.

Yolanda Rubio. 40 años. Trabaja actualmente en una tienda. Busca trabajo solo por las tardes.

Hablar

14 Marcos tiene una entrevista para un empleo que consiste en dar información a turistas en lugares céntricos de una capital española. Ayúdele a prepararla. Tendrá que hablar un máximo de 2 minutos.

El perfil que se busca es el de una persona con:

- Un nivel medio de español (B1).
- Conocimiento de otros idiomas.
- Una personalidad agradable para tratar con la gente.
- Interés por aprender sobre la cultura, arte, gastronomía, etc., de esa ciudad.
- Disponibilidad para incorporarse al puesto inmediatamente.

Hablo español y también un poco de italiano y de alemán...

> **¡TRUCO!**
> Recuerde saludar: *buenos días, buenas tardes...* y presentarse: *Me llamo... Soy...*

> **CONSEJO**
> Para hacer más fluido su discurso, utilice elementos de transición como *respecto a, también, además...*

15 En parejas: un compañero cuenta a otro alguna experiencia laboral. El que escucha debe hacer algunas preguntas (por lo menos cuatro) relacionadas con lo que le cuentan.

– Yo trabajé en un hotel el verano pasado.
– ¿Dónde está el hotel?

III COMPETENCIA LINGÜÍSTICA

Gramática

> **RECUERDE**
> Para la función de hacer sugerencias, recomendar, dar consejos, podemos usar diferentes recursos:
> 1. Imperativo.
> 2. *Ser aconsejable / mejor / útil* + infinitivo o + *que* + subjuntivo.
> 3. *Aconsejar, recomendar, sugerir* + infinitivo.
> 4. Las perífrasis verbales *deber* + infinitivo y *tener* que + infinitivo con el verbo *deber* o *tener* en la forma de condicional.

16 Vuelva a leer el texto 2 de la sección leer y seleccione todas las formas que encuentre dedicadas a hacer sugerencias, recomendar, dar consejos y clasifíquelas de acuerdo con los cuatro puntos propuestos aquí. Y añada otras posibilidades, si las encuentra.

FORMAS PARA SUGERIR, RECOMENDAR O ACONSEJAR

Imperativo

Aconsejar, recomendar, sugerir + infinitivo

Deber + infinitivo / *Tener que* + infinitivo

Ser aconsejable / mejor / útil

17 Escriba sus propias sugerencias para:

1 ser más creativo.
2 que no le roben sus ideas.
3 potenciar los talentos de alguien.

Escriba por lo menos una para cada apartado. Este ejercicio lo puede hacer con un compañero y después pueden comparar sus propuestas con las de otra pareja.

18 Complete los huecos del texto usando las siguientes expresiones.

👁 Alguna puede repetirse y alguna no tener correspondencia.

> sin embargo - no obstante - por eso
> a lo mejor - hasta - consecuentemente
> quizá - incluso - pero - sino - así pues
> aunque - mientras - así que - además

Vocabulario

19 Las palabras se adscriben a una categoría gramatical. Clasifique las siguientes en sustantivos y adjetivos:

- Niño, niñez, niñería, aniñado
- Creación, creatividad, creativo
- Honrado, honradez
- Producción, productividad, productivo, productor
- Imaginación, imaginativo

SUSTANTIVOS

ADJETIVOS

Se había quedado trabajando en el proyecto hasta las tantas y finalmente tuvo una idea fantástica. 1................ no se la contó a nadie. Últimamente no se fiaba de sus compañeros: 2................ había preferido callar. 3................ desconfiaba de su mejor amigo en el trabajo. 4................ todo eran imaginaciones suyas, 5................ prefería no correr el riesgo y tener que lamentarlo después. 6............ decidió cambiar la contraseña antes de irse. Estaba tan obsesionada que 7................ le costó dormir esa noche. Realmente, sabía que nadie podía entrar en su ordenador porque 8................ alguien le hubiera visto teclear la clave, acababa de poner una nueva y 9................ era muy difícil.

Cuando llegó a la oficina, encendió el monitor e introdujo la clave, pero daba error una y otra vez, 10................ tuvo que llamar al departamento de informática para pedir ayuda.

Atónita, contempló cómo, en unos minutos, el técnico abría el documento secreto, 11................ le recomendaba utilizar contraseñas fáciles de recordar para ella y le decía que no servía de nada apuntarlas en un documento dentro del propio ordenador como había hecho ella.

20 ¿Puede ver alguna regla en cuanto a los sufijos propios de los sustantivos y los de los adjetivos?

....

....

....

....

21 Los sustantivos y los adjetivos son palabras llenas de significado. Complete los huecos con la palabra adecuada de las listas del ejercicio 19.

Mi padre pasó toda su 1............................ en un pequeño pueblo. Siempre fue un 2............................ con muchas ideas, vamos, que era muy 3............................: demasiado según mi abuelo. Mi abuelo era un campesino muy 4............................ que se dedicaba a la 5............................ de verduras, especialmente de lechugas.

22 Las palabras tienen una forma. Identifique el tema (o raíz) que comparten los siguientes grupos.

1 Niño, niñez, niñería, aniñado

2 Creación, creatividad, creativo

3 Honrado, honradez

4 Producción, productividad, productivo, productor

5 Imaginación, imaginativo

23 Clasifique las siguientes palabras en uno de estos campos léxicos:

matrícula - contrato - entrevista - beca - sueldo
enseñar - contabilidad - departamento - bachillerato
tener experiencia - colegio - despedir - examen
aula multimedia - profesión - ayudante
asignatura - huelga - empresa - conferencia

MUNDO LABORAL

MUNDO ACADÉMICO

24 ¿Puede formar un verbo a partir de cada una de estas palabras?

contrato ....

despido ....

ayudante ....

contabilidad ....

entrevista ....

beca ....

enseñanza ....

examen ....

Glosario

Todas estas palabras se encuentran en esta unidad. Escriba al lado de cada una la traducción a su idioma.

actividad..

ambición ....

anuncio..

asalariado/a..

ascender..

asignatura ....

aula multimedia ....

ayudante ....

bachillerato ....

beca...

buscar trabajo..

carrera ....

clase...

colegio ....

compañero/a ....

conferencia ....

consultor/a ....

contabilidad ....

contrato..

departamento ....

despedir ....

disponibilidad..

documento ....

empleo..

empresa..

en grupo...

en parejas ....

enseñanza..

entrevista..

estudiante ....

estudios ....

evaluación ....

examen...

formación..

huelga ....

incorporación inmediata ....

informática ....

jefe/a ....

jornada...

jubilarse..

laboral..

licenciado/a..

matrícula ....

negociar..

oferta ....

oficina...

ordenador ....

paro..

productividad...

profesión...

propuesta ....

proyecto..

puntualidad...

recursos humanos ....

reunión...

secundaria..

subordinado/a...

sueldo ....

talento..

tarea...

tener experiencia..

titulado/a superior..

título ....

trabajador/a ....

triunfar..

ventas ....

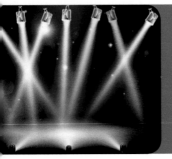

Ocio y tiempo libre

2

- Ordenar información
- Expresar gustos y preferencias
- Relacionar significados

I COMPRENSIÓN DE LECTURA Y EXPRESIÓN ESCRITA

Leer

¿Qué hacen los españoles en su tiempo libre?

Antes de leer los textos siguientes, hágase estas preguntas:

→ *¿Conoce los hábitos de los ciudadanos de su país en su tiempo libre?*

→ *¿Cree que hay diferencias en cómo ocupan su tiempo libre los hombres y las mujeres? ¿Y entre los jóvenes y los adultos?*

→ *¿A usted qué le gusta hacer en su tiempo libre?*

Texto 1

Consumo cultural

Según los datos recogidos por la Sociedad General de Autores en un estudio sobre los hábitos de consumo cultural en España, los españoles no sienten gran afición por la lectura, ya que la mitad de la población actual confiesa que no lee nunca, solo la tercera parte lee con regularidad (no se establecen diferencias entre hombres y mujeres), la novela contemporánea es el género preferido, y el consumo más bajo corresponde a obras de teatro y poesía. La prensa tampoco aporta mayor número de adeptos, la proporción de

La mitad de la población actual confiesa que no lee nunca

lectores es similar a la de libros, aunque en el caso de la prensa sí hay diferencias en las preferencias según el género. Los hombres prefieren los diarios deportivos, o las noticias deportivas, seguidos de la política y la economía, frente a las mujeres que prefieren la cultura, la moda, la decoración y los asuntos sentimentales.

Donde hay unanimidad es en el consumo de televisión: en todos los hogares españoles hay, al menos, un televisor, y los programas más vistos son los deportivos (sobre todo el fútbol, donde se disparan los índices de audiencia), cotilleos, series y alguna que otra película de los EE UU.

Con respecto al cine, en los últimos años había aumentado la asistencia a las salas, incluso en un promedio mayor al de los otros países europeos, pero desde 2010 ha bajado el número de espectadores, sobre todo para ver cine español, ya que ganan ampliamente las superproducciones de los EE UU. Son los más jóvenes los que más van al cine;

1 Conteste a las preguntas de acuerdo con la información contenida en el texto. La última es de respuesta libre.

1 Indique las actividades culturales que se citan en el texto.

2 Señale las preferencias de los españoles en cuanto a consumo cultural.

3 ¿Influye la edad en las preferencias culturales?

4 ¿Y el género –hombre o mujer– se refleja en distintos gustos culturales?

5 ¿Coinciden sus aficiones culturales con las de los españoles?

a partir de los 35 años desciende debido a las responsabilidades familiares. La falta de asistencia a los cines se cubre con las películas en casa tanto en DVD, canales digitales o a través de internet.

La asistencia al teatro es mucho menor, hay un gran número de españoles que nunca ha ido a un teatro, pero actualmente, gracias a los buenos montajes, tanto de las compañías nacionales de teatro clásico, como otros de iniciativa privada, ha aumentado el número de espectadores. También han contribuido a popularizar el teatro entre los jóvenes las promociones de entradas a mitad de precio para grupos escolares.

La música sí forma parte de la vida cotidiana de los españoles. Los gustos hacia los diferentes géneros van cambiando con la edad, el tópico sería que los más jóvenes prefieren el *pop, rock, hip-hop, dance*, y con el paso de los años se van decantando hacia géneros más tradicionales como la balada, la copla, el flamenco, y la música clásica.

2 Lea el texto 2 y diga si son verdaderas o falsas las siguientes afirmaciones.

1 La gente joven en España aprovecha el tiempo en casa sobre todo para estudiar y ver la televisión.
☐ V   ☐ F

2 Los españoles disfrutan los fines de semana de más de ocho horas de tiempo libre en su casa.
☐ V   ☐ F

3 Los que más tiempo de ocio tienen durante los fines de semana son los jóvenes entre 18 y 25 años.
☐ V   ☐ F

4 La mujer ocupa más tiempo en las tareas del hogar que el hombre.
☐ V   ☐ F

Texto 2

¿Qué hacemos con nuestro tiempo libre en el hogar?

Según una encuesta de 'Facilisimo.com' el tiempo que dedican al ocio los españoles en el hogar durante el fin de semana, descontando las horas de sueño y las tareas domésticas, se sitúa en 8 horas y 20 minutos.

Dentro de las actividades intelectuales o receptivas, las preferidas por los españoles en el hogar son: ver la televisión, navegar por internet, escuchar música, leer, escuchar la radio, hablar por teléfono y jugar a los videojuegos.

En cuanto a tareas más activas, el cuidado personal es la actividad preferida seguida de la cocina recreativa, del cuidado de las mascotas, de la jardinería, el bricolaje y la decoración.

Según la edad, quienes más tiempo dedican al ocio en el hogar durante el fin de semana son los mayores de 65 años. Los más jóvenes (entre 18 y 25 años) prefieren disfrutar del tiempo libre fuera de casa; el tiempo que están en casa lo aprovechan, sobre todo para dormir, son los que más horas duermen durante el fin de semana.

Por sexos, los hombres disfrutan de más horas de ocio en el hogar, porque las mujeres dedican más horas a las tareas domésticas.

17

¿Son deportistas los españoles?
¿Qué deportes les interesan más?

Un estudio del Centro de Investigaciones Sociológicas (CIS) sobre las preferencias de los españoles muestra que los deportes más seguidos en España son el fútbol, la Fórmula 1 y el tenis, en este orden. Se considera al fútbol como el deporte nacional, aunque se destaca que casi el 80% piensa que el fútbol es más un espectáculo que un deporte, ya que mueve mucho dinero. El interés por la Fórmula 1 y el tenis se ha producido a raíz de los triunfos de los representantes españoles en estas modalidades, que han contribuido a su popularidad: Fernando Alonso, Rafa Nadal...

Otros deportes con un buen número de seguidores son el baloncesto (el segundo deporte en venta de entradas para ver los partidos), el motociclismo y el ciclismo. En todos ellos hay figuras con gran popularidad y grandes éxitos internacionales.

Hay un buen número de deportes como natación, waterpolo, balonmano, gimnasia rítmica, esgrima, golf, vela, judo, atletismo que, sin ser mayoritarios, debido a las medallas conseguidas en Juegos Olímpicos, Campeonatos Europeos o Mundiales, han congregado a muchos seguidores en momentos puntuales.

Pero parece que el interés por el deporte de los españoles es, sobre todo, como espectadores (por televisión, sobre todo): los datos de la encuesta del Eurobarómetro (publicada en marzo de 2010) difundida por la Comisión Europea (CE) muestran que un 42% de los españoles no practica nunca deporte, frente a un 39% que asegura practicar algu-

na actividad, al menos una vez por semana, la mayoría jóvenes entre 15 y 24 años.

Datos que sitúan a España por debajo de la media europea, ya que un 40% del resto de los ciudadanos de la UE hace deporte, al menos, una vez por semana: los más deportistas son los suecos (el 72% hace deporte al menos una vez por semana), seguidos de finlandeses (72%) y daneses (64%). En el otro extremo de la clasificación se hallan Bulgaria (el 82% de los ciudadanos no hace nunca deporte), Grecia (79%) y Hungría (71%).

Tanto en España como en la UE, los hombres practican más depor-

te que las mujeres. Esta diferencia es más significativa entre los jóvenes de 15 a 24 años, en el que el 28% de los hombres españoles hace ejercicio (19% en el conjunto de la UE), frente al 16% de mujeres (8% en la UE).

Los motivos que alegan los españoles para practicar deporte son la mejora de la salud y de la forma y la apariencia física, la necesidad de relajarse, la diversión y la pérdida de peso. En cambio, los que no lo hacen es por falta de tiempo, desinterés, el trabajo y las cargas familiares.

La mayoría prefiere hacer ejercicio al aire libre, solo un 11% va al gimnasio.

3 Lea el texto 3 e indique si son verdaderas o falsas las siguientes afirmaciones y justifique su respuesta con el texto.

1 A los españoles les gusta más practicar un deporte que verlo por la televisión.

☐ V   ☐ F

....

2 Los españoles hacen menos deporte que los ciudadanos de otros países de la UE.

☐ V   ☐ F

....

3 La mayoría considera que el fútbol es más un espectáculo que un deporte.

☐ V   ☐ F

....

4 Los búlgaros son los que menos deporte hacen.

☐ V   ☐ F

....

5 El gimnasio es el lugar favorito para hacer ejercicio.

☐ V   ☐ F

....

Escribir

4 Conteste a las siguientes preguntas.

1 ¿Es aficionado/a al deporte?

☐ Sí (explique qué deporte o deportes practica)

....

☐ No (justifique por qué)

....

2 ¿Es muy diferente la actitud ante el deporte en su país y en España?

☐ Sí (explique cuál es la diferencia)

....

☐ No (explique la similitud o similitudes)

....

3 ¿Cuál es el deporte (o deportes) favorito de su país?

....

5 A partir de la información de los textos anteriores escriba sobre sus aficiones en el tiempo libre para su perfil de Facebook. Para mostrar sus gustos, preferencias y aficiones debe utilizar los verbos que aparecen en el recuadro.

> preferir - apetecer - gustar - encantar
> interesar - no soportar - querer

RECUERDE

1 Los verbos *apetecer, gustar, encantar, interesar* se usan en tercera persona cuando se habla sobre acciones o sobre algo; la persona involucrada aparece como complemento indirecto en la forma de los pronombres: *me, te, le, nos, os, les.*

2 Los verbos que usamos con los deportes son *hacer, practicar* y *jugar*:

• Hacer y practicar: *A Marta le encanta hacer deporte: practica el tenis, la vela y hace gimnasia todos los días.*

• Jugar: *Ana juega al fútbol y Marcos al balonmano.*

  Pero no se puede usar con gimnasia, atletismo, esgrima, vela, ciclismo, ni deportes de motor.

Consulte su libro de gramática para más detalles.

6 También para su perfil de Facebook, escriba un relato (de 80 a 100 palabras) explicando una de estas opciones:

1 su película favorita
2 su novela favorita

Debe incluir: resumen del argumento; detalles sobre el director o el autor; descripción de los personajes principales; su opinión, etc.

II COMPRENSIÓN AUDITIVA Y EXPRESIÓN E INTERACCIÓN ORALES

Escuchar

7 Escuche dos veces estas informaciones. Después de la primera audición anote el tema que tratan. Después de la segunda, invente un titular.

Noticia 1

Tema:

Titular:

Noticia 2

Tema:

Titular:

Noticia 3

Tema:

Titular:

8 De acuerdo con la información de estas noticias, escoja la respuesta adecuada. Si es necesario, vuelva a escuchar la grabación.

1 Durante el verano podremos ver películas:
- ☐ a de grandes directores.
- ☐ b en versión original.

2 Ambos sexos coinciden casi por completo en el tiempo que le dedican a la cocina por afición:
- ☐ a los hombres cocinan una media de 2 horas y 2 minutos cada fin de semana y ellas tan solo 3 minutos más.
- ☐ b las mujeres cocinan 5 minutos menos que los hombres.

3 Las personas que más cocinan tienen…
- ☐ a entre 36 y 50 años.
- ☐ b entre 46 y 65 años.

4 El concepto de ocio se hizo popular…
- ☐ a después de la I Guerra Mundial.
- ☐ b en la Inglaterra victoriana.

5 La incorporación de nuevas maquinarias y las luchas de los sindicatos recién creados van a dar lugar a una paulatina reducción de las horas de trabajo…
- ☐ a hasta conseguir la jornada laboral de 40 horas semanales.
- ☐ b hasta conseguir que sábado y domingo sean días no laborables.

Hablar

9 Escriba en una lista.

1 Su libro, película y canción favoritos.
2 El primer libro, película, canción que recuerda.
3 ¿Cuál es el último libro que ha leído, la última película que ha visto, el último CD que se ha comprado?
4 ¿Recuerda cuándo fue a un museo por primera vez? ¿Y la última?
5 ¿Qué le gusta hacer en su casa el fin de semana?
6 ¿Practica algún deporte con asiduidad?
7 ¿Sigue algún deporte en particular?

Comente la lista con un/a compañero/a. Compare con él / ella algunas de sus preferencias.

A mí me gustan los museos más que a mi compañero.

10 Hable con su compañero/a de su ciudad favorita, de su oferta de ocio (cultural, deportiva) y explique los motivos de por qué le gusta esa ciudad.

III COMPETENCIA LINGÜÍSTICA

Gramática

11 Complete los huecos del texto siguiente con la forma correcta de los verbos que están en el recuadro.

> discutir - soportar - gustar - encantar
> quedarse - odiar - ir - preferir

María quiere 1 .... al cine porque han estrenado la última película de Woody Allen y a ella le 2 .... todas sus películas. Pero Marcos, su novio, 3 .... ver la final de la Champions League por la televisión.
María sabe que tiene un problema porque no le apetece nada 4 .... en casa viendo el partido; es más, no 5 .... el fútbol y, en cambio, Marcos 6 .... las películas de Woody Allen.
A María le da mucha pena 7 .... con Marcos y como a ellos dos les 8 .... mucho la música clásica, ha decidido comprar unas entradas para el concierto de esta tarde.

12 Está hablando con sus amigos/as de sus aficiones. Debe escribir frases completas para mostrar sus preferencias (positivas o negativas) y las de sus amigos con los verbos y con las situaciones que aparecen en los cuadros.

Ejemplo: *A Paula le interesa la cocina creativa.*

VERBOS	SITUACIONES / ACCIONES
Gustar	Las colas en los museos
Encantar	Esperar en los aeropuertos
Divertir	No apagar el móvil en el cine
Interesar	Los deportes por la televisión
Aburrir	Ver películas en versión original
Molestar	El teatro clásico
Fastidiar	Ir (al gimnasio / a la piscina)
(No) soportar	Cocinar
Dar (pena, asco, rabia)	La música muy alta
Ponerse (nervioso, de buen / mal humor, enfermo)	Los fines de semana
	Leer poesía

> *CONSEJO*
>
> Busque en el diccionario las palabras que no conozca.

13 Complete los espacios con la forma correcta del verbo que está entre paréntesis. Utilice, según convenga, el indicativo o el subjuntivo.

El comportamiento de las personas cuando están disfrutando de sus ratos de ocio es muy diferente. Por ejemplo, en el cine, los hay a los que (GUSTAR, a ellos) 1 .... ver películas con actores famosos, prefieren que el cine (ESTAR) 2 .... lleno, por eso (ENCANTAR, a ellos) 3 .... los fines de semana. Hay otro tipo de espectador que prefiere que (HABER) 4 .... poca gente en el cine y que no soporta que su vecino de butaca (COMER) 5 .... palomitas y (SORBER) 6 .... su refresco mientras en la pantalla el protagonista se enfrenta a una de las situaciones más difíciles de su vida.

También en los acontecimientos deportivos, y sobre todo dependiendo del deporte: las actitudes son variopintas. En el fútbol, está el espectador al que (GUSTAR, a él) 7 .... el deporte; muchas veces, además, lo practica, y le da rabia que las personas de su alrededor no le (DEJAR) 8 .... ver el partido tranquilamente. Pero tampoco quiere renunciar a ir al estadio, le encanta el olor de la hierba y (ESCUCHAR) 9 .... las voces de los jugadores, aunque le molesta enormemente que le (ABRAZAR) 10 .... el hombre del asiento de al lado cuando su equipo mete un gol. El del abrazo suele estar en el polo opuesto: es el auténtico forofo, le interesa que el partido (SER) 11 .... un espectáculo, que su equipo (MARCAR) 12 .... muchos goles o lo más importante: quiere que su equipo (GANAR) 13 ....

Vocabulario

14 En la lista que aparece a continuación va a encontrar palabras relacionadas con el ocio y el tiempo libre. Tiene que clasificarlas en los apartados correspondientes. Si hay alguna palabra que no conoce, búsquela en el diccionario.

 Algunas pueden estar en más de un apartado.

equipo	cancha
mando a distancia	escenario
coser	exposición
videojuego	cartelera
cine	estadio
cocinar	caja de herramientas
raqueta	bañador
jardinería	partido
protagonista	sesión de tarde
película	entrenador
concierto	decorado
novela	balón

AFICIONES CULTURALES (fuera de casa)

AFICIONES DEPORTIVAS

AFICIONES EN EL HOGAR

15 Seleccione las palabras del ejercicio 14 que son sustantivos y póngales el artículo correspondiente:

Ejemplo: *el deporte*

....

....

....

....

....

....

....

16 Complete las siguientes frases con el vocabulario del recuadro.

vídeo - versión original - estrenó - director
proyectar - protagonizada - sesión - verla

Francis Ford Coppola es el 1 .... de una de mis películas favoritas: *El Padrino*. Es una trilogía 2 .... por Marlon Brando, uno de los mejores actores del siglo xx. La primera parte se 3 .... en 1972 y obtuvo muchos premios cinematográficos. He visto en la cartelera que la van a 4 .... en el cine de verano de mi pueblo y estoy muy emocionado porque voy a poder 5 .... por fin en una pantalla grande, ya que siempre la había visto en 6 .... Por suerte, la van a poner en 7 .... La 8 .... empieza a las 10 de la noche, pero tendré que llegar pronto para coger un buen sitio.

17 Estos deportes aparecen en el texto 3. Escriba al lado de cada uno de ellos cómo se llama la persona que los practica. Observe el siguiente ejemplo:

deporte → *deportista*

1 fútbol → ....
2 motociclismo → ....
3 tenis → ....
4 baloncesto → ....
5 ciclismo → ....
6 natación → ....
7 waterpolo → ....
8 gimnasia → ....
9 golf → ....
10 vela → ....
11 judo → ....
12 atletismo → ....

18 ¿Qué otros deportes conoce que no están en el texto? Añada el nombre del deporte y de quién lo practica.

....

....

....

....

....

....

Glosario

Todas estas palabras se encuentran en esta unidad. Escriba al lado de cada una la traducción a su idioma.

aburrir...

actor ....

afición..

apetecer...

asunto..

balón..

canal..

cancha ....

canción...

cartelera...

cine ....

concierto...

consumo ....

coser...

cotilleo ....

cultural..

decoración..

decorado ....

deporte..

diario deportivo ....

diversión...

economía...

encantar..

entrenador/a ....

escenario...

espectáculo ....

espectador/a ....

estadio..

exposición ....

fútbol..

género...

gimnasio ....

hábito..

hogar ....

interesar..

jardinería...

lector/a ....

lectura...

mascota ....

moda ....

molestar..

museo...

música...

noticia...

novela...

ocio ....

odiar...

partido ....

película ....

piscina ....

poesía...

política..

popularidad...

preferir...

prensa..

programa...

protagonista..

radio...

relajarse ....

superproducción ....

tarea doméstica...

teatro..

teléfono..

televisor..

tiempo libre...

videojuego ....

Fiestas y celebraciones

- Entender información explícita
- Describir acontecimientos
- Discriminar significados cercanos

Leer

1 Lea las siguientes definiciones del DRAE y después complete los huecos del texto 1. Alguna palabra se repite.

> **¡TRUCO!**
>
> Subraye o destaque las palabras clave de cada definición. Se trata de que se fije en la palabra que supone la diferencia o matiz entre cada acepción, como hemos marcado en las diferentes acepciones de fiesta.

fiesta.
(Del lat. *festa*, pl. de *festum*).
1. f. Día en que se celebra alguna solemnidad nacional, y en el que están cerradas las oficinas y otros establecimientos públicos.
(…)
3. f. Solemnidad con que se celebra la memoria de un santo.
4. f. Diversión o regocijo..
(…)
6. f. Reunión de gente para celebrar algún suceso, o simplemente para divertirse.

7. f. Agasajo, caricia u obsequio que se hace para ganar la voluntad de alguien, o como expresión de cariño. U. m. en pl. *El perrillo hace fiestas a su amo..*
(…)
9. f. pl. Vacaciones que se guardan en la fiesta de Pascua y otras solemnes. *Pasadas estas fiestas se despachará tal negocio.*

festejar.
(Del it. *festeggiare*).
1. tr. Celebrar algo con fiestas.
2. tr. Hacer festejos en obsequio de alguien..
(…)
4. tr. Procurar captarse el amor de una mujer.
5. prnl. Divertirse, recrearse.

festejo.
1. m. Acción y efecto de festejar.
2. m. Acción de galantear a una mujer.

festín.
(Del fr. *festin*).
1. m. Festejo particular, con baile, música, banquete u otros entretenimientos.
2. m. Banquete espléndido.

festival.
(Del ingl. *festival*).
1. adj. ant. **festivo.**
2. m. Fiesta, especialmente musical.
3. m. Conjunto de representaciones dedicadas a un artista o a un arte.

festividad.
(Del lat. *festivĭtas, -ātis*).
1. f. Día festivo en que la Iglesia celebra algún misterio o a un santo.

> **INFO**
>
> En el DRAE, al lado de cada palabra se indica su género **f.** (femenino), **m.** (masculino). Si aparece **pl.** (plural) quiere decir que esta palabra siempre se usa en plural cuando tiene ese significado. Este conocimiento gramatical le puede ayudar a resolver ejercicios en los que haya que completar un hueco con una palabra, porque si aparecen artículos, determinantes o adjetivos marcados con un género y un número, el sustantivo al que acompañan deberá tener el mismo. En los verbos se indica si es transitivo **(tr.)**, intransitivo **(intr.)** o pronominal **(prnl)**.

La fiesta de San Juan en Europa

La Noche de San Juan –dedicada a San Juan Bautista– constituye una 1 .... muy antigua que suele ir acompañada de hogueras o fuegos. Existen explicaciones que relacionan esta 2 .... con las celebraciones en las que se 3 .... la llegada del solsticio de verano en el hemisferio norte. La Noche de San Juan casi coincide con la noche más corta del año: encendiendo hogueras en las horas nocturnas se rinde culto a la luz. También se dice que este rito es una manera de dar más fuerza al Sol que, a partir de esta noche, se va a ir debilitando hasta su punto más débil en el solsticio de invierno, momento en el que ocurre el día más corto. Esta 4 ...., por lo tanto, tiene un carácter cristiano y pagano y en muchos lugares se acompaña de una variedad de 5 .... que pueden durar incluso varios días y que suelen atraer a un buen número de visitantes. También son muchas las localidades que en torno a San Juan celebran 6 .... de música, teatro o cine aprovechando las largas tardes de los primeros días del verano.

Y, como sucede siempre que hay un 7 .... popular, para acompañar la celebración será posible degustar algún dulce típico o plato especial con el que darse un buen 8.............. .

Esta 9 .... se celebra en muchos puntos de Europa, aunque está especialmente arraigada a España (Hogueras de San Juan), Portugal (Fogueiras de São João), Noruega (Jonsok), Dinamarca (Sankthans), Suecia (Midsommar), Finlandia (Juhannus) y Reino Unido (Midsummer).

2 Después de haber rellenado los espacios del texto 1, trate de terminar los siguientes enunciados de manera adecuada y correcta.

a La noche de San Juan está ligada a...

....

b Durante esta noche se encienden...

....

c Los rituales que se celebran esta noche se explican como...

....

d Se puede decir que esta fiesta tiene tanto...

....

e En muchos lugares, en esas fechas, se celebran...

....

f Para San Juan es habitual comer...

....

g No es una fiesta exclusivamente española sino que...

....

Un ritual de **fuego** que une al pueblo en **la Noche de San Juan**

Sin duda el fuego es el protagonista de la Noche de San Juan, y no solo las hogueras. En la localidad de San Pedro Manrique (Soria, España), la noche del 23 de junio algunos de sus habitantes caminan descalzos sobre una alfombra hecha de brasas de leña. El recorrido es de tres metros y suele cruzarse en unos cinco segundos. Lo que llama la atención es que son capaces de recorrer esa superficie ardiente –incluso cargando con una persona– y no se queman. Los nativos del pueblo sostienen que solo ellos pueden salir indemnes de ese paseo, pero que si un forastero lo intentara se quemaría.

El antropólogo griego Dimitris Xygalatas ha investigado los rituales del fuego en su país y recoge en su estudio un paso del fuego que tiene lugar en la localidad de Agia Heleni, donde, al igual que en San Pedro Manrique, algunas personas del pueblo pasan descalzas por encima de brasas para conmemorar a los santos Elena y Constantino.

Algunos participantes cruzan la alfombra de brasas con un familiar a hombros. | D. Xygalatas

También en Hispanoamérica se celebran rituales relacionados con el paso del fuego. En la comunidad Porongo (Bolivia) se camina sobre las brasas justo cuando muere la noche del 23 de junio para celebrar a su santo patrón San Juan Bautista. Y algo parecido se hace para celebrar la fiesta del Bautista en la parroquia de Barrio Aldana (Argentina), en un rito conocido como Tata Yehasá.

Al filo de la medianoche mujeres y hombres –algunos cargando a sus bebés en brazos– adolescentes e incluso niños recorren una alfombra de brasas de una longitud que puede oscilar entre uno y tres metros, al grito de ¡San Juan dice sí! Esta muestra de fe es la que dicen impide que se quemen sus pies.

3 Según la información del texto 2, los habitantes de San Pedro Manrique que caminan sobre las brasas no se queman porque…

☐ a se coloca una alfombra por encima de las brasas.

☐ b pasan corriendo por encima del fuego.

☐ c cuentan con la protección de San Juan.

☐ d han nacido en ese pueblo.

4 La práctica de caminar sobre las brasas…

☐ a está siempre unida a la festividad de San Juan.

☐ b solo está permitida a los hombres.

☐ c tiene lugar a última hora de la noche.

☐ d requiere un recorrido de 3 metros.

Día del Español

Texto 3

El Día E (Día del Español) fue instaurado por el Instituto Cervantes en 2009 con el fin de reconocer la importancia del español como lengua internacional, un idioma que en 2011 cuenta con más de 450 millones de hablantes en el mundo. Se acordó que se celebrara el sábado más cercano al solsticio de verano.

"Queremos consolidar esta fiesta como la de todos los que hablamos español, para que cada año tengamos un día en el que nos sintamos unidos por una lengua común y por compartir la riqueza de la vasta cultura en español", señala el Instituto Cervantes.

No obstante, conviene recordar que ya en 1925 el escritor y editor valenciano Vicente Clavel Andrés propuso la idea de designar un día para homenajear a la literatura española. Y en 1926 se publicó el decreto que creaba el Día del Libro. En 1964 la celebración fue adoptada por todos los países hispanohablantes. En España la fecha elegida para el Día del Libro es el 23 de abril, aniversario del fallecimiento, en 1616, de don Miguel de Cervantes. La mejor manera de celebrarlo es, sin duda, comprando un libro. O como hacen en Barcelona, donde el Día del Libro coincide con la festividad de su patrón Sant Jordi, regalando un libro y una rosa.

5 Después de leer el texto 3, marque la opción correcta.

1 En el año 2009 al español se le asignó el rango de lengua internacional por haber superado los 450 millones de hablantes.
☐ Sí   ☐ No
Explique su respuesta:
....

2 El Día del Español se ha creado en homenaje a Cervantes.
☐ Sí   ☐ No
Explique su respuesta:
....

3 El Día E y el Día del Libro tienen una fecha fija para su celebración.
☐ Sí   ☐ No
Explique su respuesta:
....

Escribir

6 Escriba una frase con cada una de estas palabras:

1 festejar ....
2 festejo ....
3 festín ....
4 festival ....
5 festividad ....

> **CONSEJO**
> Antes de empezar, relea los textos de la sección de LEER. Le servirán como modelo.

7 ¿En su país se celebra la fiesta de San Juan o la del solsticio de verano?

☐ Si es que sí, escriba una breve descripción (en torno a 90 o 100 palabras) de cómo se hace.

☐ Si es que no, escriba una breve descripción (en torno a 90 o 100 palabras) de una fiesta que sea popular, en la que participa la gente y, si es posible, en la que intervenga el fuego.

....
....
....
....
....
....
....
....
....
....
....
....

II COMPRENSIÓN AUDITIVA Y EXPRESIÓN E INTERACCIÓN ORALES

Escuchar

8 Va a escuchar un programa de radio sobre fiestas. Escúchelo dos veces. Después de la segunda audición, conteste a las preguntas.

> **¡TRUCO!**
>
> Antes de escuchar las grabaciones, lea las preguntas: le permitirá crearse expectativas sobre lo que va a escuchar y estar preparado. Le ayudará:
> - Tener conocimientos previos sobre las fiestas que se mencionan.
> - Haber leído las respuestas posibles antes de escuchar.
> - Haber comprendido la información contenida en la grabación.

1 ¿Ha notado una diferencia en el acento de alguno de los hablantes? Si su respuesta es SÍ, señale qué rasgo (o rasgos) fonético, morfosintáctico o léxico le ha servido para la identificación.

....
....
....
....
....
....

2 Por lo que ha escuchado, puede entender que el Instituto García Lorca es...

- ☐ a una asociación para estudiar la poesía de García Lorca.
- ☐ b un tipo de colegio para enseñanza secundaria.
- ☐ c una emisora de radio internacional.

3 Marta habla de una fiesta que consiste en que...

- ☐ a la gente homenajea a los Reyes Magos escribiéndoles cartas.
- ☐ b en muchas ciudades españolas se hacen cabalgatas orientales.
- ☐ c los niños reciben regalos de parte de los Reyes Magos.

4 En la fiesta de la quinceañera...

- ☐ a siempre hay que empezar con una Misa de Acción de Gracias.
- ☐ b se suele gastar mucho dinero para la celebración.
- ☐ c los invitados deben bailar el vals al final de la fiesta.

5 A Laura le gustan mucho los días festivos porque...

- ☐ a puede montar a caballo.
- ☐ b no tiene que asistir a clase.
- ☐ c pasa el día bailando.

Hablar

9 Piense en una fiesta importante en su país o para usted; escriba el nombre con el que se la conoce, la fecha en que se celebra y algún otro detalle. Después tiene un minuto para contársela a un compañero. Si usted estudia por su cuenta, puede grabarse y escucharse para observar cómo lo ha hecho.

....

....

....

....

....

> ### CONSEJO
> Esta tarea requiere identificación del nombre de la fiesta, descripción de en qué consiste la fiesta y se puede incluir alguna opinión o gusto personal al respecto.

10 Usted y su compañero son los delegados de la clase para preparar una fiesta de cumpleaños para su profesor. Con la información que tienen, traten de organizar la fiesta: día, lugar, tipo de regalo, etc.

👁 No mire la información de su compañero.

FICHA A
Ha notado que después de clase el profesor parece tener prisa por ir a algún sitio.
Necesitan preguntarle cuántos años va a cumplir para ponerle el número adecuado de velas en la tarta.
Piensa que es una buena idea comprarle un regalo personal.

Cosas que sabe del profesor:
- **Es goloso:** lo dijo un día en clase y lo recuerda.
- **Le gusta coleccionar antigüedades:** se lo dijo otro profesor que va con él los fines de semana a los mercadillos.
- **Le encanta oír música clásica:** se lo encontró en un concierto.
- **Es friolero:** en invierno siempre lo veía llegar con gorro y bufanda.

FICHA B
Propone organizar una fiesta sorpresa con todos los compañeros y otros profesores del centro después de la clase.
No sabe cuántos años va a cumplir exactamente el profesor y le parece, por un lado, de mala educación peguntarle directamente, y, por otro, tampoco ve tan importante decir la cantidad de años que va a cumplir.

Cosas que sabe del profesor:
- **Es tímido:** no se le nota mucho en clase, pero usted se ha dado cuenta.
- **Le gusta hacer senderismo:** se lo dijeron unas estudiantes de otra clase que se lo encontraron un fin de semana en la sierra.
- **Colabora con una ONG,** pero no sabe cuál es.
- **Le encanta oír música clásica:** se lo encontró en un concierto.

> **RECUERDE**
> La interacción requiere alternancia de turnos.

III COMPETENCIA LINGÜÍSTICA

El Día de los Muertos en México

El Día de los Muertos es una celebración mexicana cuyos orígenes se remontan a la época prehispánica. La fiesta, tal y como se celebra actualmente, es producto del sincretismo entre los antiguos ritos practicados por las etnias mexica, maya, purépecha y totonaca y la tradición católica del Día de los Difuntos y de Todos los Santos, que aportaron los españoles. Fue declarada Patrimonio Cultural Inmaterial de la Humanidad por la UNESCO el 7 de noviembre de 2003.

El festival mexica del Día de los Muertos tenía lugar en el noveno mes de su calendario solar, que corresponde con el inicio de agosto. La celebración actual coincide con la fecha que el calendario católico dedica a Todos los Santos: el 1 de noviembre.

Gramática

11 Practique los pronombres. Conteste a las siguientes preguntas sustituyendo la parte en negrita por un pronombre personal.

> **CONSEJO**
>
> Repase el cuadro de los pronombres personales tónicos y átonos de complemento directo (CD) y complemento indirecto (CI) en su libro de gramática. Fíjese en su forma, su función gramatical y su posición respecto del verbo.

1 ¿Sabía algo de **la fiesta de los muertos**?
    a Sí, ya sabía algo de ....
    b No, no sabía nada de ....

2 ¿Conocía **sus antecedentes prehispánicos**?
    a Sí que .... conocía.
    b No, no .... conocía.

3 ¿Y conocía **la influencia de la religión católica**?
    a Sí que .... conocía.
    b No, no .... conocía.

4 ¿Sabía cuál era **la fecha** para la celebración del Día de los Muertos en el calendario mexica?
    a Sí que .... sabía.
    b No, no .... sabía.

5 ¿Y sabía que **la fiesta actual del Día de los Muertos es el día 1 de noviembre**?
    a Sí, también .... sabía (si en el n.º 4 ha contestado SÍ).
    b Sí, eso sí que .... sabía (si sabía esta información, pero en el n.º 4 ha contestado NO).
    c No, tampoco .... sabía (si no sabía ni esta información ni la del n.º 4).

12 Encuesta. Responda con pronombres personales y seleccione la respuesta con la que esté de acuerdo.

1 ¿(1) **Le** ha interesado esta información?

☐ a Sí que .... ha interesado (esta información).

☐ b No, no .... ha interesado (esta información).

2 ¿Pasaría (1) **esta información** (2) **a alguien**?

☐ a Sí que .... pasaría.

☐ b No, no .... pasaría.

3 ¿Recomendaría (1) **esta fiesta** (2) **a sus amigos o conocidos**?

☐ a Sí que .... recomendaría.

☐ b No, no .... recomendaría.

4 ¿Tiene (1) **interés en saber más cosas sobre esta celebración**?

☐ a Sí que .... tengo.

☐ b No, no .... tengo.

5 ¿Puede usted proporcionar (1) **nos** (2) **más información sobre esta celebración**?

☐ a Sí que puedo proporcionar .... / Sí que .... puedo proporcionar.

☐ b No, no puedo proporcionar .... / No, no .... puedo proporcionar.

6 ¿Está contando (1) **a sus compañeros** (2) **alguna fiesta similar que conozca**?

☐ a Sí que estoy contando................ / Sí que .... estoy contando.

☐ b No, no estoy contando.............. / No, no .... estoy contando.

RECUERDE

Cuando el verbo es una perífrasis con infinitivo o gerundio el pronombre o pronombres personales átonos pueden colocarse bien a la izquierda del verbo en forma personal (la regla general del español), o bien a la derecha del infinitivo o el gerundio formando una palabra.

EL INGENIOSO
HIDALGO DON QVI-
XOTE DE LA MANCHA
Compuesto por Miguel de Ceruantes
Saauedra.
DIRIGIDO AL DVQVE DE BEIAR,
Marques de Gibraleon, Conde de Barcelona, y Bana-
res, Vizconde de la Puebla de Alcozer, Señor de
las villas de Capilla, Curiel, y
Burgillos.
Año, 1605.
Con priuilegio de Castilla, Aragon, y Portugal.
EN MADRID, Por Iuan de la Cuesta.
Vendese en casa de Francisco de Robles, librero del Rey nro señor.

INFO

La actual grafía **j** (jota) representa el fonema /x/, que en español peninsular no meridional corresponde a una articulación fricativa, velar, sorda, mientras que en el español meridional y americano se articula más bien como una aspiración [h]. No obstante la palabra *México* y derivados como *mexicano* o *mexicana* se escriben con **x**, que era la grafía que se utilizaba en español hasta la reforma ortográfica del siglo XVIII (cuando se impuso la grafía **j**), y cuya articulación en el siglo XVII era /ʃ/ un fonema fricativo, palatal, sordo.

También escribimos así *Don Quixote*, o el nombre *Ximena*, el estado *mexicano* de *Oaxaca* o el norteamericano de *Texas*.

---

13 Escriba 15 palabras que contengan la grafía jota: tres para cada vocal. Y, más difícil: 3 palabras que terminen en jota.

....

....

....

....

....

....

....

....

....

....

Vocabulario

14 Complete los espacios con la palabra del recuadro que mejor se adapte al contexto. Utilice el diccionario de español-español en caso de duda.

Texto 1
> festividad - homenajear - conmemoración
> celebrar - cumpleaños - festivo

Texto 2
> celebrar - tradiciones - oro - bodas - convidar
> festejar - obsequiar - conmemorar
> agasajar - plata - regalos - aniversarios

Texto 1

Día del padre

En Estados Unidos, la primera 1 .... moderna del Día del Padre se debe a la Sra. Sonora Smart Dodd. Mientras asistía a una misa con motivo del Día de la Madre, pensó que sería una buena idea hacer otra misa para 2 .... a su padre, un veterano de la guerra civil que había enviudado y que se había ocupado de manera ejemplar de los cinco hijos que quedaron a su cargo. Su intención original era 3 .... la misa en su honor el 5 de junio, día del 4 .... del Sr. Smart, pero eso no fue posible y se tuvo que trasladar al 19 de junio. Esto ocurrió en 1910. Posteriormente, en 1924, el presidente Calvin Coolidge elevó esta 5 .... al rango de celebración nacional. Y, en 1966, el presidente Lyndon B. Johnson firmó una proclamación que declaraba el tercer domingo de junio como fecha para la celebración del día del padre. En este día se festeja a los tíos, a los abuelos y a los padres en general.

En la mayor parte de los países de América Latina también se celebra el tercer domingo de junio. Pero en España, Bolivia y Honduras se festeja el 19 de marzo, día de San José según la tradición católica; en la República Dominicana se celebra el último domingo de julio, y en Guatemala y en El Salvador es 6 .... el 17 de junio.

Texto 2

Primeros aniversarios de boda

Los 1 .... de bodas son un momento especial que no debemos dejar pasar. Y además, hemos también de cumplir con las 2 .... que dictan cada aniversario con un motivo especial.

Aquí te resumimos algunas buenas ideas y 3 .... para los primeros aniversarios de 4 ...., desde el primero y hasta el quinto.

El primer aniversario se denomina **"bodas de papel"**. Elige el "papel" de billetes de avión, reservas de paquetes vacacionales o cualquier otro relacionado para 5 .... a tu pareja con un bello y romántico viaje.

El segundo aniversario se 6 .... con las **"bodas de algodón"**. La tradición dice que debemos 7 .... algodón. La manera más simple de lograrlo es mediante prendas de vestir.

El tercer aniversario es el de las **"bodas de cuero"**. 8 .... esta fecha con obsequios como cinturones, bolsos o calzado, o también otros más especiales si el presupuesto lo permite.

9 .... el cuarto año de matrimonio o **"bodas de lino"** con un regalo de hilo: prendas de vestir, mantelerías, cortinas, sábanas...

En el quinto aniversario se celebran las **"bodas de madera"**. 10 .... a tu pareja con bisutería, calzado, elementos decorativos u otros.

Como ves, cada año tiene el nombre de un material, pero los aniversarios más famosos son a los 25 años, que se celebran las **"bodas de 11 ...."** y a los 50, las **"bodas de 12 ...."**.

Glosario

Todas estas palabras se encuentran en esta unidad. Escriba al lado de cada una la traducción a su idioma.

acción de gracias...

agasajo..

aniversario...

baile..

banquete..

boda...

bodas de oro...

bodas de plata...

calendario..

católico/a..

celebración..

celebrar ....

concierto..

conmemorar..

convidar...

cristiano/a...

cumpleaños ....

cumplir años..

dedicar...

degustar...

día de la madre...

día del padre ....

día festivo...

difunto/a..

diversión..

entretenimiento..

etnia...

festejar ....

festejo..

festín..

festival...

festividad...

festivo/a..

fiesta ....

fiesta sorpresa ....

forastero/a...

fuego ....

hoguera ....

homenaje..

homenajear...

iglesia..

influencia ....

instaurar...

invierno..

invitado/a...

localidad...

mercadillo...

misa..

obsequio ....

origen ....

pagano..

Pascua..

regalo ....

representación..

reunión...

Reyes Magos..

rito..

ritual ....

santo ....

sincretismo ....

solsticio..

tarta..

tradición ....

vacaciones ....

vela ....

verano...

Gastronomía y nutrición

4

- Ordenar información
- Argumentar a favor y en contra
- Usar sufijos para formar palabras

I COMPRENSIÓN DE LECTURA Y EXPRESIÓN ESCRITA

Leer

1 Lea la primera parte del texto 1 y conteste a las siguientes preguntas:

1 ¿Qué es el centro Alicia?
2 ¿Dónde está?
3 ¿Quién lo dirige? ¿Quién lo asesora?

Texto 1

Cocina con ciencia

Un monasterio medieval alberga uno de los centros de investigación gastronómicos más importantes del mundo

En el monte de San Benet de Bages, en las laderas de las montañas de Montserrat y junto al río Llobregat, se levanta el magnífico monasterio del mismo nombre. El conjunto de edificios, cuyo origen se remonta al siglo x y constituye uno de los mejores conjuntos arquitectónicos del arte medieval catalán, acoge también actualmente el centro Alicia: un espacio dedicado a la investigación tecnológica y a la creatividad en la cocina, que lidera el prestigioso cocinero Ferrán Adriá y que cuenta con el asesoramiento del renombrado cardiólogo el Dr. Valentín Fuster.

Entrevista con Toni Massanés, Director del centro de investigación gastronómica 'Alicia'

IMMA CROSAS / (adaptado)

¿En qué consiste este proyecto?
Alicia es un centro de investigación científica y gastronómica que pretende proyectar la tradición culinaria catalana, revalorizar los productos autóctonos, experimentar con nuevas texturas y sabores y elaborar un programa educativo para concienciar a los más jóvenes sobre la importancia de una dieta equilibrada.

¿Cómo están organizados?
Trabajamos con dos departamentos: uno de investigación gastronómica y científica, respaldado por los mejores cocineros del momento; y otro dedicado a la salud y hábitos alimentarios, con el objetivo de mejorar la alimentación de nuestra sociedad.

¿Cuáles son sus proyectos más inmediatos?
Estamos estudiando productos para desarrollar nuevas aplicaciones en la cocina: cocciones a baja temperatura, microondas y otros aparatos mal utilizados. Además organizamos talleres pedagógicos para los más jóvenes, en los que se trabajan los buenos hábitos alimentarios. Además, queremos mejorar la comida en los hospitales y dar soporte a los enfermos oncológicos.

¿Qué aspiran a ser en un futuro?
Ser un núcleo de relevancia internacional en el ámbito de la investigación aplicada a la gastronomía de excelencia.

Denos un buen consejo para poder mejorar nuestra alimentación.
Comer de todo con prudencia, valorar lo que nos da la tierra y respetarla, intentar revalorizar y promocionar los productos agroalimentarios autóctonos y cuidarse con una alimentación sabia.

2 Vuelva a leer la entrevista con Toni Massanés, director del centro Alicia. Extraiga las ideas principales y escriba un breve resumen de la entrevista (90-100 palabras).

CONSEJO

Para hacer un resumen de una entrevista:

1) tome como guía las preguntas que se formulan al entrevistado: eso le da la clave de las ideas que tiene que buscar;

2) use una variedad de verbos que sirven para dar información: *decir, hablar, mencionar, explicar, citar*; o para destacar algo: la misma expresión *poner de relieve, destacar, hacer hincapié*; o para añadir información: *también, asimismo, además*;

3) ponga algún ejemplo o cita del texto.

HÁBITOS

Texto 2

¿Existía ya la comida rápida en Roma?

Madrid // El historiador Felipe Fernández-Armesto asegura que: la comida rápida no es una costumbre de la sociedad actual. Los romanos de clase baja que vivían en pisos compartidos compraban habitualmente sus raciones en quioscos de comida en la esquina de la calle. Además, desde la dinastía Tang (618-907), también los chinos se aficionaron a la comida rápida que se consume en la calle.

No obstante, fue a partir de la Revolución Industrial, cuando se establecieron grandes concentraciones urbanas a causa de la creación de empresas en las ciudades; a la hora del almuerzo miles de personas tenían la necesidad de comer algo de manera rápida y por un precio reducido ya que vivían lejos de los centros urbanos debido al excesivo coste de la vivienda.

De esta manera, empezaron a crearse negocios de comida rápida que podían satisfacer las necesidades de esos trabajadores.

---

3 Conteste a las siguientes preguntas:

1 La llamada "comida rápida" ¿es un invento del siglo xx?

2 ¿Qué entiende usted por comida rápida?

3 ¿Está usted a favor de este tipo de comida?

4 ¿La consume a menudo? Si la respuesta es afirmativa, ¿cuál es su comida rápida favorita?

RECUERDE

Para justificar una respuesta: *sí/no, porque...*

LIBROS

Texto 3

'1080 recetas':
de España al cielo

Madrid // La biblia de la cocina española, el *1080 recetas de cocina* de Simone Ortega, que hace unos meses salió en edición renovada e ilustrada por Mariscal para su versión internacional en inglés, ya está disponible en español. Un clásico indiscutible de la cocina en España, que con 49 ediciones a sus espaldas y casi tres millones de ejemplares vendidos desde su primera edición en 1972, saldrá en francés, alemán e italiano. El *bestseller* vuelve así, actualizado, al mercado español.

4 Conteste a las siguientes preguntas:

1 ¿Por qué piensa que llaman la biblia de la cocina española al libro de Simone Ortega?

....
....
....
....

2 ¿Por qué es un *bestseller*?

....
....
....
....

3 ¿Cree en la utilidad de los libros de cocina?

....
....
....
....

5 Lea el siguiente texto y fíjese en las palabras subrayadas.

Cuando los tomates sabían a tomate

Un proyecto científico se propone recuperar las semillas tradicionales y volver a cultivarlas en la tierra

María P. Pujades y Saray Marqués

VOLVER A LA ESENCIA, al origen, a la semilla. De la unión de la Fundación Miquel Agustí y el Ayuntamiento de Sabadell (Barcelona), ha nacido un proyecto cuyo objetivo consiste en recuperar las variedades agrícolas tradicionales catalanas.

Los cambios en la estructura agraria supusieron un enorme varapalo para las variedades tradicionales. Hasta hace 50 años el propio agricultor escrutaba su cosecha y decidía qué semillas eran las mejores para seguir cultivándolas. Las ganadoras eran las que se habían adaptado mejor al terreno y las que resultaban buenas en la mesa. Sin embargo, hoy día todo se rige "por el rendimiento", como señala contrariado Joan Casals, el investigador que está encargado del proyecto.

Para recuperar esas semillas originales, la Fundación buscará variedades tradicionales en un millón de hectáreas de la Red Natura de Cataluña. Miquel Agustí escudriñará un millón de hectáreas de la Red Natura de Cataluña en busca de variedades tradicionales. Y también tiene previsto ponerse en contacto con agricultores candidatos a poseer algunas de esas semillas históricas.

"A los agricultores les gusta que nos interesemos por las semillas tradicionales, siempre colaboran y te explican lo que saben", destaca el director científico de la fundación y profesor del Departamento de Ingeniería Agroalimentaria de la UPC, Francesc Casañas. "Otra cosa es que puedan mantenerse con estos cultivos", se lamenta.

Una vez identificadas las variedades, la fundación prevé colaborar con los labradores para que puedan seguir cultivándolas. "Nuestro proyecto no se entiende sin ellos", dice Casals. Y continúa: "El objetivo es que se ganen la vida".

Con todo, Casañas es realista. La competencia, sobre todo de Almería y Marruecos, con costes de producción mucho menores hizo que muchos trabajadores que habían apostado por el sistema tradicional lo abandonaran para poder mantenerse. Ahora la historia puede repetirse.

"Lógicamente, si la productividad disminuye, el alimento será más caro", sostiene el director de la Fundación. La solución, entienden, pasa por justificar ese encarecimiento. "Lo importante no es que un tomate cueste 4 euros o 50 céntimos el kilo, sino que la diferencia de precio la detecte el paladar", resume Casals. "Igual no lo puedes comer cada día, pero si la diferencia es suficientemente apreciada y nos provoca placer, nos decantaremos por el tradicional", apostilla Casañas.

Según Casals, muchas generaciones no se han topado en su vida con un tomate genuino. Ni siquiera sabrían reconocerlo.

Recuperar los sabores, volver a paladear su esencia se ha convertido en una obsesión para Casals y su equipo. Las variedades identificadas dentro del proyecto serán sometidas al examen de los paladares más exquisitos: al de agricultores nostálgicos de esos sabores, al de expertos en gastronomía e incluso al de reco-

Muchas generaciones no se han topado en su vida con un tomate genuino.

nocidos chefs que desde hace años colaboran con la Fundación.

De momento, los cocineros Ferrán Adriá y Carme Ruscadella –que suman seis estrellas Michelin entre los dos– ya han colaborado con la fundación y se espera que sigan haciéndolo.

La relevancia alcanzada por los chefs no ha pasado inadvertida para los investigadores. "Son prescriptores, orientan al consumidor", destaca Casañas, que agradece que hayan sido "muy receptivos". Qué mejor forma de recuperar un sabor tradicional que servido por cocineros tan laureados.

6 En la siguiente lista tiene algunas de las palabras o expresiones que ha visto subrayadas en el texto 4. Sustitúyalas por una equivalente del recuadro. Si es un verbo, solo vamos a dar el infinitivo y en los nombres y adjetivos la forma no marcada de masculino singular. Por lo tanto tendrá que conjugar el verbo en la forma correcta y quizá modificar el género y el número en el caso de nombres y adjetivos.

> *CONSEJO*
>
> El contexto le puede ayudar a entender los significados. Lea el texto 4 cuantas veces lo necesite.

agricultor - a lo mejor - premiado - auténtico
disgustado - actualmente - prever
conseguir recursos - tener en su poder - saborear
examinar - encontrarse - golpe

1 varapalo ....
2 escrutar ....
3 hoy día ....
4 contrariado ....
5 tener previsto ....
6 poseer ....
7 labrador ....
8 ganarse la vida ....
9 Igual ....
10 toparse ....
11 genuino ....
12 paladear ....
13 laureado ....

7 Vuelva a leer el texto y responda a las siguientes preguntas:

1 ¿Cómo elegían antes las semillas los agricultores?

....

2 ¿Por qué abandonaron el sistema tradicional de cultivo?

....

3 ¿Cuál es el objetivo de la Fundación Miquel Agustí?

....

4 ¿Cuál es la obsesión del investigador responsable del proyecto?

....

Escribir

8 Escriba un breve informe (de 150 a 200 palabras) sobre los hábitos gastronómicos de la gente de su país. Puede buscar información en internet.

> **RECUERDE**
>
> Redactar un informe supone dar información clara y concisa, incluir datos concretos, usar una sintaxis sencilla y mantener un tono objetivo.

9 Escriba un relato (de 90 a 100 palabras) de sus hábitos alimentarios durante su infancia y compárelos con los actuales.

> **RECUERDE**
>
> Escribir un relato de algo sobre su infancia implica usar tiempos del pasado y en este caso puede usar un tono subjetivo e incluso incluir expresiones de entusiasmo o disgusto.

II COMPRENSIÓN AUDITIVA Y EXPRESIÓN E INTERACCIÓN ORALES

Escuchar

10 Escuche dos veces una entrevista a un famoso cocinero madrileño. Después de la segunda audición, seleccione la respuesta correcta.

☐ a Tiene un restaurante cerca de Madrid y está investigando para volver a disfrutar de los sabores de frutas y verduras.

☐ b Trabaja e investiga junto con sus hijos en el Instituto Madrileño de Desarrollo Rural, Agrario y Alimentario (IMIDRA).

☐ c Ha desarrollado una técnica para conservar el repollo, la lombarda y la coliflor y así evita comprarlos.

11 Va a escuchar un texto sobre el origen y las propiedades de las nueces. Después de la audición, complete las frases. Puede escucharlo dos veces.

1 La nuez se considera originaria de Persia o de ....

2 Se recomienda tomar .... o cuatro al día para aportar al organismo fibra, hidratos de carbonos y ....

3 Se le han atribuido propiedades para mejorar la .... y la actividad mental.

4 No son recomendables para las personas que están haciendo .... de adelgazamiento.

12 Va a escuchar un programa de televisión dedicado a la cocina mediterránea. Después de la primera audición, anote los ingredientes necesarios para preparar la receta. Escúchelo una segunda vez y ordene los pasos que hay que seguir.

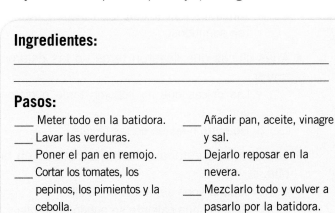

Ingredientes:
_____
_____

Pasos:

___ Meter todo en la batidora.

___ Lavar las verduras.

___ Poner el pan en remojo.

___ Cortar los tomates, los pepinos, los pimientos y la cebolla.

___ Picar un ajo.

___ Añadir pan, aceite, vinagre y sal.

___ Dejarlo reposar en la nevera.

___ Mezclarlo todo y volver a pasarlo por la batidora.

Hablar

13 Cuéntele a su compañero lo que usted suele desayunar, comer y cenar.

14 Explíquele a su compañero un plato típico de su país. No se trata de dar la receta, sino de enumerar los ingredientes, la manera de cocinarlo, indicar si se come en alguna fiesta o celebración especial, etc.

15 En parejas o en un grupo pequeño (3 o 4 personas) discutan argumentos a favor y en contra de ser vegetariano.

Recojan sus conclusiones por escrito en una lista.

A FAVOR	EN CONTRA

III COMPETENCIA LINGÜÍSTICA

Gramática

16 Relea los textos 1 y 2, y fíjese en la posición de los adjetivos respecto del nombre. Ponga debajo de la columna A las frases nombre + adjetivo y en la B adjetivo + nombre.

A: nombre + adjetivo

B: adjetivo + nombre

¿Puede sacar alguna regla? ¿Coincide la regla que había sacado con la explicación que se da en el recuadro?

RECUERDE

En español, el adjetivo calificativo se puede colocar a la izquierda (delante) o a la derecha (detrás) del nombre. Como la sintaxis permite ambas posiciones, la diferencia está en el sentido que se quiera dar. Un adjetivo a la derecha tiene un valor especificativo: limita el alcance del nombre al que acompaña y si se omite la frase pierde significado o puede no tenerlo. Un adjetivo a la izquierda tiene un valor explicativo: añade una cualidad al nombre que acompaña y es prescindible.

Un amigo viejo. / Un viejo amigo.

Para ampliar esta explicación pregunte a su profesor o consulte su libro de gramática del español.

17 Clasifique estas oraciones de relativo o adjetivas en especificativas y explicativas:

1 ... el investigador que está encargado del proyecto.
2 ... reconocidos chefs que desde hace años colaboran con la Fundación.
3 ... los cocineros Ferrán Adriá y Carme Ruscadella, que suman seis estrellas Michelin.
4 ... destaca Casañas, que agradece que hayan sido "muy receptivos".

5 ... la desaparición de los canales tradicionales de riego, que estructuraban el paisaje y...
6 ... el chef Mario Sandoval fue de los primeros en acuñar el término gastrogenómica, que aspira a recuperar el sabor de frutas y verduras a partir de su ADN.
7 ... las variedades que usamos...

RECUERDE

Las oraciones de relativo, se clasifican en:

· especificativas (limitan el alcance del antecedente):

- *Hemos comprado las bicicletas que eran de 2.ª mano.* (Hemos comprado solo las bicicletas de 2.ª mano. Había otras).

· explicativas (añaden información que puede ser prescindible):

- *Hemos comprado las bicicletas, que eran de 2.ª mano.* (Todas las bicicletas eran de 2.ª mano y por eso las hemos comprado).

18 Escoja la frase correcta.

1 Vivía en una casa, que era antigua, alejada del pueblo.
   a Vivía en una antigua casa del pueblo.
   b Vivía en la única casa antigua del pueblo.

2 Los vecinos, que eran muy generosos, los acogieron en sus casas.
   a Solo los vecinos generosos los acogieron.
   b Todos los vecinos eran muy generosos.

3 Los muchachos que eran bajos no fueron admitidos en el equipo.
   a Los muchachos altos sí fueron admitidos.
   b Todos los muchachos eran bajos y no fueron admitidos.

4 A las chicas que llegaron tarde no las dejaron entrar.
   a Las chicas que no llegaron tarde pudieron entrar.
   b No entró ninguna de las chicas.

5 La sopa, que estaba caliente, se quedó en la olla.
   a Toda la sopa se quedó en la olla.
   b Solo la sopa caliente se quedó en la olla.

19 Complete las frases con la forma correcta del verbo. Léalo como un diálogo.

○ ¿Conoces a alguien que (tener) 1 .... talento para la cocina?

◆ Pues, tengo un amigo que (cocinar) 2 .... como los ángeles.

○ Pues yo no conozco a nadie que (poder) 3 .... guisar bien. Es una pena.

◆ Sí que lo es, porque una persona que (saber) 4 .... cocinar de manera creativa es un artista.

○ Bueno, no todos los que (cocinar) 5 .... creativamente son artistas. Algunos son un auténtico horror.

◆ Es verdad lo que dices. Lo que pasa es que yo admiro mucho a la gente que (ser) 6 .... capaz de ser creativa y por eso todos me parecen artistas.

> **RECUERDE**
>
> Las oraciones de relativo especificativas pueden llevar indicativo –el hablante conoce el antecedente o tiene certeza de su existencia– o subjuntivo –el antecedente es inexistente o desconocido para el hablante–. Las explicativas siempre llevan el verbo en indicativo.

Vocabulario

20 Complete los espacios con el nombre que se define.

> huerta - apio - tomate - aceite
> ajo - jardín

1 ....: terreno dedicado al cultivo de legumbres y árboles frutales.

2 ....: terreno donde se cultivan plantas con fines ornamentales.

3 ....: fruto de superficie lisa y brillante, en cuya pulpa hay numerosas semillas, algo aplastadas y amarillas.

4 ....: planta de tallo jugoso, grueso y hueco; hojas largas y hendidas, de color verde o verde claro casi blanco.

5 ....: planta con hojas muy estrechas. La raíz es blanca, redonda y de olor fuerte. Se usa como condimento para cocinar.

6 ....: líquido espeso que se obtiene de las aceitunas.

21 Sopa de letras. Encuentre los siguientes pescados:

> atún - salmón - rodaballo - merluza - bonito
> mero - rape - lenguado

Las palabras se pueden leer de arriba abajo, de abajo arriba, de derecha a izquierda y de izquierda a derecha.

Z	I	W	E	R	T	Y	Ú	I
X	R	T	U	N	F	G	P	Q
C	O	S	A	L	M	Ó	N	W
V	D	X	R	L	I	A	O	E
B	A	T	W	R	M	Z	Y	R
N	B	Y	U	F	E	X	T	O
Ñ	A	D	B	N	R	C	P	M
O	L	Y	O	L	L	R	E	M
C	L	E	N	G	U	A	D	O
V	O	P	I	R	Z	L	N	R
E	N	A	T	G	A	T	Ú	N
P	E	R	O	T	R	P	T	P
I	L	Y	Ñ	A	O	R	E	M
H	F	E	R	Ó	M	U	X	T

> **INFO**
>
> Los nombres de los pescados pueden variar de un país hispanohablante a otro, incluso, dentro del mismo país, pueden tener distintos nombres según la zona.

22 Formación de palabras.

1 ¿Cuál es la palabra para designar a la persona que captura peces? ....

2 ¿Y para la persona que los vende? ....

3 ¿Y la tienda o sección de un supermercado donde se venden? ....

4 ¿Sabe cuál es la palabra para la persona que cultiva verduras? ....

5 ¿Y para la persona que las vende? ....

6 ¿Y la tienda o sección de un supermercado donde se venden? ....

7 ¿Sabe cuál es la palabra para la persona que hace pan? ....

8 ¿Y para la persona que las vende? ....

9 ¿Y la tienda o sección de un supermercado donde se venden? ....

10 ¿Sabe cuál es la palabra para la persona que vende carne? ....

11 ¿Y la tienda o sección de un supermercado donde se vende? ....

12 ¿Sabe cuál es la palabra para la persona que hace pasteles y dulces? ....

13 ¿Y para la persona que los vende? ....

14 ¿Y la tienda o sección de un supermercado donde se venden? ....

23 En el apartado LEER, en el texto 4 ha encontrado las frases que aparecen abajo. Lea el texto de nuevo y relacione las frases **de la izquierda** con las **de la derecha**.

24 Complete la tabla.

SUSTANTIVO	ADJETIVO	COLOCACIÓN FRECUENTE
espacio	*espacial*	*nave espacial*
	terrenal	paraíso terrenal
genio		idea...
globo		aldea...
	mundial	fama mundial
pasión		crimen...
sexo		enfermedad de transmisión...
generación		lucha...
	parcial	examen parcial
	astral	carta astral
doctor		tesis...
invierno		frío...
	mensual	paga mensual, recibo mensual
año		renta...

1 Enorme varapalo.	a A lo mejor es imposible consumirlo a diario.
2 Escrutaba su cosecha.	b Vigilará una enorme extensión.
3 Escudriñará un millón de hectáreas.	c Gran golpe material.
4 Tiene previsto.	d Sea su fuente de ingresos.
5 No se han topado en su vida.	e Vigilaba su producción.
6 Se ganen la vida.	f Ha pensado.
7 Igual no lo puedes comer cada día.	g Profesionales muy premiados.
8 Cocineros tan laureados.	h No han encontrado nunca.

Glosario

Todas estas palabras se encuentran en esta unidad. Escriba al lado de cada una la traducción a su idioma.

aceite ....

aceituna ....

agrícola ....

ajo...

alimentación ....

alimentario ....

alimento ....

almuerzo ....

apio ....

árboles frutales ....

atún...

bonito ....

carne ....

cebolla ....

cenar ....

chef..

cocina..

cocinar...

cocinero...

coliflor ....

comida ....

comida rápida ....

consumidor ....

cosecha..

cultivar ....

desayunar ....

dieta equilibrada ....

dulce..

fruta...

gastronomía...

guisar ....

huerta ....

ingrediente ....

jardín..

labrador ....

legumbres..

lenguado ....

lombarda ....

merluza ....

mero ....

nuez ....

paladar...

paladear...

pan ....

pastel ....

pepino ....

pescado..

pimiento ....

plato...

producto autóctono...

ración ....

rape ....

receta ....

repollo ....

rodaballo..

sabor ....

saborear...

sal..

salmón...

semilla..

servido/a ....

supermercado..

tomate ....

vegetariano ....

verdura...

vinagre ....

Vacaciones y viajes

5

- Identificar de qué trata un texto
- Hacer recomendaciones y convencer
- Usar conjunciones causales
- Expresar condiciones

Leer

Planificar un viaje

Existen personas a las que les gusta improvisar y no pensar demasiado en lo que van a hacer, sin embargo también están las que prefieren planificar las cosas y, especialmente, algo en lo que han puesto mucha ilusión, como un viaje.

Para estas últimas, hemos seleccionado una serie de sugerencias que, pensamos, contribuirán a hacer más agradable su viaje y les permitirán disfrutar al máximo de su experiencia.

Antes de todo

Algo que condicionará el desplazamiento es si se trata de un viaje que se va a emprender solo, con amigos o con la familia. Si el viajero pretende vivir una "aventura" o si se trata de una escapada de vacaciones. No es lo mismo plantearse un viaje a los 22 años para sumergirse en la experiencia de un mundo distinto del propio, llevando por todo equipaje una mochila y tener que subsistir con pocos medios económicos, pero disponiendo de mucho tiempo, que salir de vacaciones con niños o adolescentes e ir cargando con varias maletas; o tener que ceñirse a unas fechas determinadas, pero disponer de cierto poder adquisitivo.

Por eso: porque hay viajes diferentes y distintos tipos de viajeros, incluimos una serie de recomendaciones para tener en cuenta antes de que cada uno emprenda su odisea particular y que, creemos, contribuirán a hacer del viaje una experiencia más placentera.

Para ir pensando mucho antes de emprender el viaje

- Informarse de los países o lugares que se desea visitar. Se puede recurrir a las embajadas y consulados, a agencias de viajes, a libros (guías, ensayos, novelas), a internet, o a charlas con amigos que han visitado los lugares que nos interesan. Esta información general es fundamental para ir precisando aspectos más concretos como los que se recogen a continuación.
- Determinar cuál es la mejor época del año para viajar a ese lugar, en función de su clima, fiestas, o acontecimientos que nos interese incluir o evitar.
- Verificar si las fechas mejores para viajar son también las más convenientes para nosotros, teniendo en cuenta nuestros compromisos laborales y personales.

- Acotar la cantidad de días (semanas, meses) que vamos a dedicar al viaje.
- Averiguar si los países o lugares a los que vamos a viajar requieren visado, vacunaciones previas u otros requisitos.
- Aprender algunas expresiones de la lengua local.
- Reservar billetes de los transportes que sea necesario utilizar. Normalmente, con cuanta más anticipación se saquen los billetes, se suelen obtener mejores tarifas. Y lo mismo es recomendable para las reservas de alojamiento: además, en muchos hoteles es posible hacer reservas con tarifas reembolsables que permiten anular hasta tan solo 24 horas antes de la primera noche seleccionada.
- Contratar algún seguro de asistencia al viajero que incluya cobertura de pérdida de equipaje, asistencia médica, etc.

Para tener en cuenta con cierta anticipación

- Pensar en la ropa que se va a necesitar.
- Informarse de la divisa del país y de la tasa de cambio respecto de nues-

1 Lea el texto y marque la opción correcta.

1 Según el párrafo "Antes de todo" una de las primeras cosas que hay que pensar al empezar a preparar un viaje es:

- ☐ a El destino al que se pretende viajar.
- ☐ b Si se va a viajar solo o en compañía.
- ☐ c Si se va a viajar con niños, escoger fechas concretas.
- ☐ d Si se cuenta con suficiente dinero para el viaje.

Texto 1

tra moneda y llevar algo de dinero cambiado si es posible hacerlo.

- Hacer fotocopias del pasaporte y el visado o visados. En caso de pérdida o robo es muy útil tener esta información para tramitar documentos nuevos.
- Llevar un cuadernito o guardar en la agenda electrónica una lista de teléfonos y direcciones importantes, tanto de nuestro lugar de origen como de nuestro destino.
- Dejar una lista de nuestro itinerario a algún familiar o amigo para que se sepa dónde nos encontramos en todo momento.

Un día (o dos) antes de salir

- Despedirse de familiares y amigos.
- Hacer el equipaje, mirando la lista que haremos elaborado previamente.
- Asegurarse de que llevamos la documentación necesaria (pasaporte, documento de identidad, carné de conducir), los billetes, las reservas de alojamiento.
- Mirar en internet la información meteorológica de nuestro punto de destino.
- Comprobar, si vamos a viajar en avión, el estado de nuestro vuelo.

2 Según el párrafo, "Para ir pensando...", conviene...

- ☐ a Vacunar a los niños antes de salir si el viaje va a durar varias semanas.
- ☐ b Elegir una época del año que no coincida con ninguna fiesta local.
- ☐ c Estudiar la lengua del país para poder expresarnos con fluidez y corrección.
- ☐ d Reservar alojamientos que permitan anulaciones hasta un día antes.

3 Según el párrafo "Para tener en cuenta...", conviene...

- ☐ a Apuntar todos los datos de nuestros documentos por si nos los roban o los extraviamos.
- ☐ b Llevar un registro del dinero que cambiamos en cada país para poder hacer nuestras cuentas de vuelta a casa.
- ☐ c Tener recogido en algún sitio teléfonos y direcciones que podamos necesitar.
- ☐ d Comprobar la planificación de nuestro itinerario una vez más.

4 Vuelva a leer rápidamente el párrafo "Un día (o dos) antes de salir" y seleccione los puntos que le parecen más importantes y justifique por qué. Escriba sus respuestas y, si usted asiste a una clase, compárelas con las de un compañero.

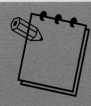

MUY IMPORTANTE

Escriba una lista de todo lo que tiene que llevar. Y le recomendamos que según vaya guardando cada cosa en la maleta o el equipaje de mano ponga una marca en lo que ya ha guardado, para que vea lo que le falta todavía. No tire la lista y llévela con usted. En caso de pérdida o robo del equipaje, le servirá de referencia para su reclamación.

2 Lea el siguiente texto y complete los espacios con una de las palabras de la lista que viene abajo.

👁 Hay una palabra que aparece dos veces y cuatro que sobran.

> alguien - astronauta - algunos - lunar - última,
> paseo - igual - astronautas - primero - huele
> mismo - oxígeno - diciembre

Texto 2

¿A qué huele la Luna?

Charles Duke, astronauta estadounidense de la misión Apolo 16, afirmó, en 1972, que la Luna (1) .... «a pólvora». La tripulación del Apolo 17, la (2) .... que ha viajado hasta nuestro satélite, en (3) .... de ese mismo año, lo confirmó: el (4) .... Eugene Cernan comentó, tras regresar de su (5) ....lunar, que la Luna huele «como si (6) .... hubiera disparado una carabina». El olor detectado por los (7)................... podría deberse a la oxidación que el (8) .... de la cabina provoca en el polvo (9) .... Lo que resulta curioso es que ese (10) .... polvo no huele a nada en la Tierra.

XL Semanal, Sol Martínez

3 Lea el texto sobre Granada y conteste a las preguntas que se le formulan a continuación.

👁 Esta vez le pedimos que no lea las preguntas antes de leer el texto.

Texto 3

GRANADA
fin de semana
de las 1001 noches

Posee un palacio encantado donde hace siglos se desarrolló una de las culturas más refinadas que ha conocido nuestra historia. Granada es el embrujo de la Alhambra, pero también la Cartuja, la Capilla Real, el Sacromonte y el Albaicín. Te descubrimos cómo recorrer todos sus rincones en apenas un fin de semana.

Día 1: la joya de la corona
Reserva toda la mañana para la Alhambra (venta anticipada de entradas: 902 88 80 01). Un consejo: recórrela con el libro de Washington Irving en la mano: *Cuentos de la Alhambra*. También vale la pena tomarse algo en el Parador Convento de San Francisco para disfrutar de la vista. Después, puedes comer en una de las tascas del campo del Príncipe tras haber explorado el barrio del Realejo, donde las tapas son increíbles. Y por la tarde tienes varias opciones: un paseo por el Albaicín, alguna compra en la Calderería Vieja o visitar una tetería. Para cenar sin perder de vista la Alhambra ve al restaurante Mirador de Morayma. Y termina en una zambra en la Cueva del Rocío, en el Sacromonte.

Día 2: la herencia cristiana
Por la mañana, recorre la ciudad del siglo XIX atravesando la Gran Vía de Colón y reservando una parada para los helados de La Veneciana. La Catedral queda a dos pasos. La mandaron construir los Reyes Católicos sobre los cimientos de la Gran Mezquita, aunque de aquella época solo queda la Capilla Real, uno de los rincones más insólitos de la ciudad. Para comer acércate a La Pataleta. Y por la tarde disfruta del esplendor de la Cartuja y el Monasterio de San Jerónimo.

1 Según el texto: todos estos lugares están en Granada: la Alhambra, la Cartuja, la Capilla Real, el Sacromonte y el Albaicín.

　□ Sí　　□ No

2 Para el primer día de estancia en Granada, le recomiendan:

a Ir de tapas en el barrio del Realejo.

　□ Sí　　□ No

b Recorrer el Albaicín con el libro de Washington Irving.

　□ Sí　　□ No

c Disfrutar de las vistas desde el Convento de San Francisco.

　□ Sí　　□ No

3 Para el segundo día de estancia en Granada, le recomiendan:

a Visitar la Capilla Real.

　□ Sí　　□ No

b Pasear hasta las ruinas de la Mezquita.

　□ Sí　　□ No

c Cenar en La Veneciana.

　□ Sí　　□ No

Escribir

4 Escriba un texto de 40 o 50 palabras describiendo su ciudad y argumente por qué merece una visita.

....
....
....
....
....
....
....
....
....
....
....
....

5 Teniendo en cuenta dónde se encuentra su ciudad, su clima, sus características (tamaño, monumentos, etc.), su vida cultural, los acontecimientos que tienen lugar en ella, etc., escriba una serie de recomendaciones para un posible visitante.

> **CONSEJO**
> En los textos que ha leído encontrará formas para hacer recomendaciones.

....
....
....
....
....
....
....
....
....
....
....
....

II COMPRENSIÓN AUDITIVA Y EXPRESIÓN E INTERACCIÓN ORALES

Escuchar

6 Escuche dos veces estos consejos. Relaciónelos con la imagen que corresponde a su contenido.

👁 Hay una imagen que sobra.

A

B

C

D
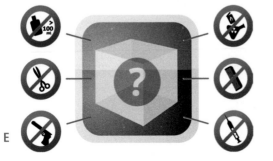

E

7 Va a escuchar cinco respuestas a la pregunta: **¿Le gusta viajar?** Señale con un círculo el número que corresponde a la persona que habla según su orden de intervención. Si quiere, puede escuchar la grabación otra vez.

👁 Solo hay cinco contestaciones, pero hay siete respuestas, por lo tanto dos no corresponden a ninguna.

¿Quiénes hablan?

a Un hombre con dinero	1	2	3	4	5
b Una chica que no ha viajado	1	2	3	4	5
c Un hombre muy viajero	1	2	3	4	5
d Una jovencita despistada	1	2	3	4	5
e Una persona cuidadosa con el dinero	1	2	3	4	5
f Una azafata cansada	1	2	3	4	5
g Una ejecutiva estresada	1	2	3	4	5

> **¡TRUCO!**
>
> Antes de escuchar, lea las posibilidades para crear expectativas.

Hablar

8 Cuente a un compañero un viaje que ha hecho que recuerde. Indique detalles concretos de su viaje: cuándo hizo el viaje, el transporte que utilizó, por qué fue a ese lugar, incluya alguna anécdota, cosas que le gustaron y cosas que no.

> **CONSEJO**
>
> Para hacer su discurso más fluido, utilice palabras de relleno (*bueno*, *pues*), llamadas al oyente *¿tú conoces ese lugar?*, *¿has estado ahí?*, expresiones.: *¡qué bien lo pasé!*, *¡qué experiencia más desagradable!*

9 Exposición y hacer recomendaciones.

¿Qué cree que hay que tener en cuenta para hacer un viaje de fin de semana? Prepare una exposición siguiendo el modelo del texto 1.

10 En parejas, uno es A y el otro es B. A está interesado en hacer un viaje y B es un agente comercial de turismo. B va a intentar convencer a A para que visite su país.

Antes de hablar con su compañero, piense y prepare qué va a decir.

PERSONA B

Usted acaba de salir de un invierno muy duro en el que su salud se ha resentido porque le han detectado una serie de alergias a ciertos productos alimenticios y tiene que tomar todos los días unas galletas que le preparan en la farmacia. Por casualidad, también le han descubierto una reacción alérgica a las picaduras de ciertos mosquitos, que, afortunadamente, no existen en su país. Este verano va a tener dos semanas de vacaciones y está pensando en ir a un lugar nuevo: va a la Feria de Turismo Internacional y se ha parado en la caseta de Maravillolandia.

PERSONA A

Usted trabaja para el turismo de Maravillolandia, un lugar con muchos atractivos para el visitante: ciudades fascinantes, hermosos paisajes, gente hospitalaria, gastronomía magnífica, pero la ley no permite que se introduzca en el país ningún tipo de alimento: ninguno, y obliga a que todo el mundo esté vacunado contra el tétanos. Y además, en verano hay unos mosquitos enormes que causan grandes picaduras.

La oficina de turismo está promocionando un paquete de vacaciones de quince días para el verano que incluye viaje en avión, desplazamientos por el país, alojamiento en hoteles de lujo por un precio muy razonable. Por cada paquete que usted venda, recibirá una comisión del 15 % del precio total.

III COMPETENCIA LINGÜÍSTICA

Gramática

11 Complete los huecos en el siguiente diálogo con el verbo en la forma correcta.

☐ Cuando (yo, ir) 1 .... a ir de viaje, necesito preparar todo con muchísima anticipación.

■ Pues, yo, depende... si (yo, tener) 2 .... que viajar a un lugar lejano y exótico sí que me preparo, pero me encanta improvisar viajes cortos así de repente para un fin de semana, si (yo, tener) 3 .... dinero, claro.

☐ Tú lo has dicho: si (tú, tener) 4 .... dinero, porque esos viajes repentinos te pueden salir por un ojo de la cara.

■ Eso tampoco, porque cuando (yo, hacer) 5 .... ese tipo de viajes improvisados, voy a sitios que tengan alguna promoción o alguna oferta.

☐ ¡Oye! Pues cuando (tú, saber) 6 .... alguna oferta buena, dímelo. Yo también quiero hacerme algún viajecito sorpresa si me (salir) 7 .... bien de precio.

■ No te preocupes, yo busco mucho por internet y en cuanto (yo, encontrar) 8 .... algo interesante, te avisaré.

☐ Te lo agradezco. Yo también voy a investigar y si (yo, dar) 9 .... con algo que valga la pena, te llamaré.

DOS DÍAS MÁS TARDE

■ ¡Oye! Soy yo. He encontrado una oferta estupenda, pero es para irse un poco lejos.

☐ Ya te digo que si (haber) 10 .... que vacunarse, no quiero ir. Las vacunas me dan un miedo horrible.

■ Te entiendo. Porque yo cuando me (vacunar) 11 .... me pongo malísima.

☐ Pues no sé si (tú, necesitar) 12 .... vacunarte, la verdad.

■ Te agradezco la información, pero ahora estoy sin blanca y casi no puedo ni salir de casa.

☐ Bueno, otra vez será.

■ Eso. Gracias.

☐ Adiós.

■ Hasta luego.

RECUERDE

Las oraciones temporales (marcadas con las conjunciones: *cuando, en cuanto, hasta que*, etc.) con presente de indicativo sirven para expresar acciones habituales o condiciones generales. Y con presente de subjuntivo proyectan hacia el futuro una intención concreta del hablante, algo que cree que va a pasar. ¡Ojo! *Antes de que* siempre se usa con subjuntivo.

Las oraciones condicionales con la conjunción *si* + presente de indicativo proyectan al futuro una condición que puede pasar o no, o expresan condiciones generales.

Para más información y detalles, consulte su libro de gramática.

12 Complete los huecos con *como* y *porque*.

> **RECUERDE**
>
> Tanto *como* (con sentido causal) como *porque* llevan indicativo. *Como* introduce una causa que contiene información que no es nueva para los hablantes; *porque* introduce información nueva.

A Ximena le encanta viajar, pero lleva muchos meses sin salir 1 .... perdió su empleo y anda muy justa de dinero. Pero, afortunadamente, tiene muchos amigos y 2 .... saben cuánto le gusta viajar le están preparando un viaje para regalárselo para su cumpleaños. El viaje no será ni muy largo ni muy lejos 3 .... ellos tampoco nadan en la abundancia, pero sí quieren que sea algo divertido. Habían pensado en invitarla a un crucero de esos cortitos que no cuestan mucho, pero 4 .... Ximena se marea en barco, tuvieron que descartar esa idea.

Por fin decidieron que 5 .... estaba resultando muy complicado encontrar ese viaje ideal, lo mejor sería regalarle un bono viaje y que ella decidiera adónde quería ir con ese dinero.

13 Complete con la forma correcta del futuro de los verbos entre paréntesis los espacios que faltan en la conversación entre Berta ◆ y Sara ●.

◆ ¿Tú crees que el hotel Galactic Suite (ser) 1 .... una realidad en 2025?

● Yo sí creo que (haber) 2 .... hoteles, o estaciones espaciales para visitantes o como quieras llamarlo en el futuro ¡y no tan lejano!

◆ ¿Y piensas que la gente (querer) 3 .... ir a esos sitios?

● Pues claro que sí. Dentro de veinte o treinta años viajar al espacio (convertirse) 4 .... en algo casi corriente.

◆ ¡Casi corriente!, ¡qué exagerada! ¿Has oído? Llaman a la puerta, ¿quién (poder) 5 .... ser a estas horas?

● Oye, Berta: no abras. (ser) 6 .... alguien que se ha equivocado de puerta.

◆ Eso dices tú. ¿Y si es un mensajero que viene a traernos algo?

● ¡Un mensajero a estas horas!

◆ Pues no sé, (ser) 7 .... algún amigo que viene a vernos.

● ¡Un amigo! Así, sin avisar, tan tarde...

◆ No es tan tarde: todavía no (ser) 8 .... las 11 de la noche.

● Pero, ¿en qué mundo vives? Por lo menos ya (ser) 9 .... las 12 y pico: hace un ratito que han empezado las noticias de la noche.

◆ Bueno, si es así: sí es un poquito tarde para ir de visita. Tienes razón: no (abrir) 10 ....

● ¡Menos mal!

◆ Pues si es tan tarde: se ha acabado la conversación. Buenas noches. Me voy a la cama.

14 En la conversación anterior se usa el futuro para hablar de acontecimientos que van a ocurrir y para expresar incertidumbre y hacer conjeturas en el presente. Escriba en la tabla los verbos que hacen cada una de estas funciones.

Hablar de acontecimientos futuros
Expresar incertidumbre o probabilidad en el presente

Vocabulario

15 Complete los espacios con el verbo adecuado al contexto. Algunos pueden admitir más de una opción.

> buscar - sacarse - cambiar - informarse - salir
> averiguar - tener - consultar - vacunarse - comprar

Antes de 1 .... de viaje conviene 2 .... en cuenta una serie de cosas. Antes de 3 .... el billete, se recomienda 4 .... ofertas en internet o 5 .... precios en una agencia de viajes. También habrá que 6 .... de si es necesario 7 .... un visado para viajar al destino elegido, o si hay que 8 .... Es importante 9 .... si hay restricciones aduaneras y también habrá que 10 .... algo de dinero para tener moneda local.

16 Complete los huecos con la palabra de la lista adecuada al contexto. Sobran dos palabras.

> expedición - fuente - lago - viaje - mar - río
> paseo - desfile - agua - excursión

Mientras Jorge y Alicia estaban de 1 .... dejaron a los niños con los abuelos. Estos, que tienen una casita en el campo, una tarde, decidieron llevarlos a dar un 2 .... hasta el antiguo puente que todavía se usa para cruzar el 3 .... A los niños les gustó tanto la salida que para el día siguiente organizaron una 4 .... por el monte para pasar todo el día fuera. Cuando estaban descansando junto a una 5 .... de la que mana un 6 .... muy fresquita y dicen que con propiedades curativas, apareció una 7 .... científica que andaba a la captura de un tipo de mariposa que por lo visto solo se encuentra por esa zona. Los científicos que conocían bien ese monte les informaron de que un poco más arriba había un 8 ...., que era el cráter de un antiguo volcán en el que los niños se podrían bañar.

17 Elija una de las locuciones de la lista para completar los espacios.

👁 Algunas pueden repetirse y otras no tener cabida en este contexto.

> después de que - al cabo de - por fin
> dentro de - al fin y al cabo - en fin

○ Me he enterado de que Marta se va a casar 1 .... un par de meses.

◆ ¡Casarse! ¿Otra vez? ¿No sabes que ya estuvo casada? Pues sí, se casó tal que en agosto y 2 .... dos meses ya había pedido el divorcio.

○ ¡Qué barbaridad! ¡3 .... dos meses!

◆ Sí, lo que oyes. Y 4 .... se divorciaron, he oído que él quería volver a casarse con ella.

○ ¿Hablas en serio?

◆ Y tan en serio. Pero qué quieres que te diga: que cada uno haga lo que quiera. 5 .... es su vida.

Glosario

Todas estas palabras se encuentran en esta unidad. Escriba al lado de cada una la traducción a su idioma.

aduana...

agencia de viajes.............................

alojamiento......................................

anular..

asistencia médica.............................

astronauta.......................................

aventura..

avión...

azafata..

barco...

billete..

cambio...

carné de conducir............................

ciudad...

clima...

conducir..

consulado...

crucero..

desplazamiento................................

destino..

DNI..

documento.......................................

embajada...

equipaje...

excursión...

expedición.......................................

fin de semana..................................

fuente...

guía...

hotel...

improvisar..

informarse..

itinerario...

lago...

lujo..

maleta..

mar..

mochila..

moneda..

monumento.......................................

país..

paquete..

pasaporte...

paseo...

pérdida...

planificar..

reclamación......................................

reembolsable....................................

reservar...

rincón..

río..

robo..

seguro de asistencia.........................

subsistir...

tarifa...

tasa...

tasca...

transporte..

turismo..

vacaciones.......................................

vacuna...

viaje...

viajero...

visado..

vista..

vuelo...

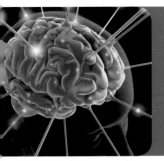

Ciencia y salud

6

- Comprender información concreta
- Controlar usos de los tiempos del pasado
- Sintetizar y hacer resúmenes
- Describirse a uno mismo y a otros

I COMPRENSIÓN DE LECTURA Y EXPRESIÓN ESCRITA

Leer

1 Antes de leer el texto 1, responda a las preguntas:

1 ¿Conoce a personas mayores con buena memoria?

2 ¿Conoce a personas mayores con problemas de memoria?

3 ¿Las personas de uno y otro grupo tienen hábitos de vida diferentes?

4 ¿Tiene buena memoria?

5 ¿Hace algo para ejercitar su memoria?

6 ¿Por qué motivos cree que la gente pierde la memoria?

2 Lea el texto y realice las siguientes actividades.

1 En el texto se recogen cuatro cosas que se consideran importantes para evitar el desgaste de la mente. Pónganlas en una lista por orden de importancia, según usted.

1 ....

2 ....

3 ....

4 ....

2 Indique qué actividades se destacan como una buena gimnasia mental.

3 ¿Qué otras actividades propone para ejercitar la mente?

4 Compare sus resultados con los de un compañero.

Lo peor para tu cerebro es que seas perezoso

Las personas que han trabajado durante toda su vida con la mente deben seguir ejercitándola después de jubilarse. Hay muchas técnicas que ayudan a conseguirlo y la lectura es una de las más eficaces.

Nacho Carretero/Arancha Cuéllar

Ejercicio físico y una vida social activas, así como una dieta saludable y dormir lo necesario son básicos para mantener la mente joven. Si en algo coinciden los expertos es que la pereza es la peor enemiga del cerebro, que necesita actividad para evitar que la memoria falle. "Las personas que han trabajado con la cabeza deben seguir ejercitando la mente después de jubiladas: con lectura, contacto social, juegos de memoria..." afirma el neurólogo Luis Menéndez Guisásola.

Como extremo se presenta la enfermedad de Alzheimer, que podría convertirse en la epidemia del siglo XXI. Dentro de 20 años se calcula que habrá 1,2 millones de afectados, según la asociación de familiares de estos enfermos.

Es evidente que si la mayoría de la gente considera importante ir al gimnasio para estar en forma, tenemos que hacer lo mismo con nuestro cerebro y mantenerlo activo y en buen estado a través de ejercicios mentales.

Adaptado de *20 Minutos*

3 Ahora va a leer lo que dicen cuatro personas en relación con la memoria. Lea los textos rápidamente e indique qué persona...

1 es mayor de 65 años. ____

2 es famosa por su memoria. ____

3 cree que tiene buena memoria. ____

4 es médico. ____

5 sabe con certeza por qué la gente no se esfuerza en memorizar. ____

6 es la imagen de la importancia de hacer ejercicios de memoria. ____

7 no recuerda muchas veces dónde ha dejado algunas cosas. ____

8 Opina que una cosa es ser despistado y otra tener mala memoria. ____

9 Dice que lo malo es cuando se olvidan cosas recientes. ____

10 Cuenta que tiene buena memoria porque presta atención a todo. ____

> *¡TRUCO!*
>
> Antes de volver a leer los textos correspondientes a cada persona, destaque las palabras clave de cada pregunta. Después lea los textos de manera rápida para buscar la palabra o expresiones equivalentes.

Texto 2

A EL EXPERTO

Las personas que han trabajado con la cabeza deben seguir ejercitando la mente.

"Olvidar ciertas cosas es normal. Lo que puede considerarse preocupante es no recordar acontecimientos del mismo día o de horas antes".

Luis Menéndez Guisásola, neurólogo.

B TIENE 23 000 PALABRAS MEMORIZADAS EN ORDEN

Una persona puede aprender un idioma en siete días.

Ramón olvida a menudo dónde dejó las llaves, pero es capaz de memorizar en orden 23 200 palabras. "Ser

despistado no tiene nada que ver con tener mala memoria", aclara. Su técnica, con la que asegura que una persona podría manejar un idioma en siete días, consiste en hacerse una imagen de un dato puro. "Para memorizar la palabra Pekín, por ejemplo, pienso en un perro pekinés".

"Las palabras pueden estar en el casillero mental todo el tiempo que se quiera, pero es necesario revisarlas".

Ramón Campayo, récord de memoria.

C SE HA CONVERTIDO EN EL SÍMBOLO DE EJERCITAR LA MEMORIA

"Hay que luchar contra la pereza de la mente, sobre todo los jóvenes".

Amparo Baró, la prestigiosa actriz es un símbolo del ejercicio mental gracias al anuncio del videojuego *Brain Training*. "Es divertido y muy útil. Te ayuda a fijarte y no pasar, que es fundamental. Yo no paso y tengo 70 años", explica. Amparo cree que lo peor para la memoria es la pereza: "hay que luchar contra ella y se lo digo a los jóvenes", concluye.

"Con todo lo que he memorizado por mi profesión podría tener tres carreras ya". "Es fundamental fijarse en todos los detalles, no 'pasar' de nada".

Amparo Baró, Actriz.

D LA GENTE PASA DE MEMORIZAR

"Con la tecnología, la gente no memoriza, va a lo fácil".

José lo tiene claro. "Con las nuevas tecnologías la gente va a lo fácil y 'pasa' de memorizar". Opina que "casi nadie sabe los teléfonos de sus amigos, para eso ya está la agenda. Creo que somos más perezosos a la hora de esforzarnos". José se reconoce "despistado, pero con memoria".

José Juan, 37 años, Madrid

4 Las frases que están en la caja son los títulos que corresponden a los minitextos que aparecen abajo. Léalas y asígnele el título que corresponde a cada uno.

> Buscar antepasados - Encontrar la media naranja
> Prevenir enfermedades - Determinar la paternidad
> Investigar crímenes

¡TRUCO!
Si hay algo que no entiende, déjelo para el final.

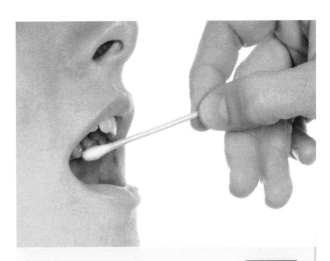

Texto 3

La genética sirve para casi todo

1 ....
Cada vez más, las pruebas genéticas son utilizadas por la policía y los juzgados para descubrir asesinatos y otros delitos.

2 ....
La prensa ha aireado muchos casos de famosos que han recurrido a las pruebas de ADN, pero cada vez es algo más común y accesible. Un 25% de los padres tiene razones para dudar de si sus hijos son suyos o no.

3 ....
A quién no le gustaría saber con exactitud quiénes eran sus tatarabuelos. Pero hay que tener en cuenta que esta técnica no ofrece garantías más allá de la tercera generación.

4 ....
La genética permite saber si se van a sufrir más de 5000 enfermedades hereditarias. En el caso del cáncer se puede saber la predisposición, pero en su desarrollo influyen también factores medioambientales.

5 ....
Una empresa estadounidense anuncia la búsqueda de parejas compatibles a través del olor personal que descubren con un análisis genético. Para los biólogos esto no tiene ninguna base científica.

Texto 4

Saliva, pelo o un estornudo, casi todo te puede delatar

Si hay una célula, hay un gen. Los laboratorios pueden extraer los genes de casi cualquier parte de nuestro cuerpo, incluidos los restos de huesos con cientos de años.

Una célula. Eso es todo lo que un laboratorio genético necesita para realizar un test de ADN. "No importa que tengan muchos años, podemos limpiar la contaminación", explican en ADFTecnoGen. Saliva, sangre, un pelo, semen, un estornudo, un poco de piel y hasta un resto de hueso. De todos ellos se extrae la molécula de ADN del núcleo de la célula y después se secuencia a través del ordenador. El resultado permite una amplia lectura del mapa genético que ofrece la identificación. No total, porque como explican en LabGenetic, "conocemos una ínfima parte de los genes. Queda muchísimo por andar".

5 Según el texto anterior:

☐ a Las mejores fuentes de ADN son la saliva, el pelo y los estornudos.

☐ b Los laboratorios donde se extrae ADN deben estar completamente limpios de contaminación.

☐ c Es posible sacar ADN incluso de células extremadamente viejas.

☐ d Todo lo que necesita un laboratorio genético para determinar el ADN es un ordenador.

Escribir

> **RECUERDE**
>
> Recuerde qué tiempo del pasado usamos para la narración de hechos concretos y cuál para la descripción, acciones no terminadas y acciones habituales en el pasado.

6 Escriba un texto sobre la información más relevante que sepa de su familia: orígenes, desplazamientos, anécdotas divertidas e historias interesantes. Intente resumir toda la información que pueda.

7 Para ejercitar su memoria, escriba frases sobre usted, utilizando los conectores y expresiones siguientes.

1 Antes..

2 Después ....

3 Hace...

4 Desde hace..

5 La semana pasada ....

8 Cuando ....

9 Desde... hasta ....

10 De... a ....

II COMPRENSIÓN AUDITIVA Y EXPRESIÓN E INTERACCIÓN ORALES

Escuchar

8 Escuche la noticia dos veces. Después, realice las actividades.

👁 Las preguntas pueden no estar en orden respecto a como aparece la información en la noticia.

> **¡TRUCO!**
>
> Lea las preguntas antes de escuchar el texto. Esto le permitirá crear expectativas respecto de lo que va a oír y estar atento a la información pertinente.

1 Fecha en que se conmemora el día mundial de la enfermedad de Alzheimer:

....

2 Según la noticia, en España, el número de afectados por la enfermedad está:
- [ ] a Entre los más altos del mundo.
- [ ] b Por encima del medio millón de personas.
- [ ] c No se conocen cifras al respecto.

3 Según la noticia, el objetivo de dedicar un día mundial a la enfermedad de Alzheimer es:
- [ ] a Buscar el apoyo concreto de las instituciones y organismos oficiales para divulgar esta enfermedad.
- [ ] b Difundir el trabajo de la Organización Mundial de la Salud respecto de esta patología.
- [ ] c Dar a conocer esta enfermedad a la sociedad y buscar apoyos en todos los estamentos.

4 Según la noticia, esta patología:
- [ ] a Está claramente relacionada con la edad en los hombres.
- [ ] b No discrimina entre hombres y mujeres para aparecer.
- [ ] c Parece deberse a factores genéticos en las mujeres.

9 Va a escuchar a tres personas diferentes hablar sobre el Alzheimer. Ponga el audio dos veces. Después, complete las siguientes actividades.

1 ¿Cuántas personas de las que han escuchado la noticia sienten preocupación?
- ☐ a Todas ellas.
- ☐ b Dos de ellas.
- ☐ c Solamente una.

2 ¿Cuál de las personas que habla tiene casi 65 años?
- ☐ a Silvia
- ☐ b Marcos
- ☐ c Isabel

3 Una de las personas menciona que entre las consecuencias de la enfermedad de Alzheimer está que:
- ☐ a A quienes la padecen se les quita el sueño.
- ☐ b Los enfermos acaban poniéndose muy tristes.
- ☐ c Los afectados se olvidan de hablar.

4 Una de las personas menciona que:
- ☐ a Sus abuelos están afectados por la enfermedad.
- ☐ b Nadie en su familia ha padecido esta enfermedad.
- ☐ c Ella misma presenta algunos síntomas de la enfermedad.

5 Cuál de las tres personas dice que tiene buena memoria.
- ☐ a Silvia
- ☐ b Marcos
- ☐ c Isabel

CONSEJO

Tiene poco tiempo desde que le entregan el modelo de examen hasta que ponen la grabación, por eso es importante que se concentre en la tarea y lea bien las instrucciones para tener claro lo que debe hacer.

10 Escuche dos veces la siguiente conversación en la que se describe a seis personas. Identifique de quién están hablando. Indique en qué orden se habla de ellos.

A 1, 2, 3, 4, 5, 6

B 1, 2, 3, 4, 5, 6

C 1, 2, 3, 4, 5, 6

D 1, 2, 3, 4, 5, 6

E 1, 2, 3, 4, 5, 6

F 1, 2, 3, 4, 5, 6

Hablar

11 Escriba en una lista:

1 Cómo se llama exactamente este libro.
2 Qué hizo el día de su último cumpleaños.
3 Qué ropa llevaba antes de ayer.
4 Qué tiempo hizo el año pasado por estas fechas.
5 Cómo se llamaba su mejor amigo/a cuando iba al colegio.
6 El nombre de la primera calle en que vivió.
7 Su primer número de teléfono.
8 Lo que ha desayunado hoy.

1 ....
2 ....
3 ....
4 ....
5 ....
6 ....
7 ....
8 ....

¿Puede recordarlo todo? Compare su lista con la de un compañero.

Pues yo no puedo recordarlo todo, ¿y tú?

12 Le están haciendo una entrevista por teléfono y tiene que describirse a sí mismo: su físico, su personalidad, su profesión, etc., en menos de un minuto.

13 En parejas, o grupos pequeños, una persona piensa en un personaje famoso y su compañero o compañeros le hacen preguntas para descubrir su identidad. Para ello solo pueden usar los verbos *ser, estar, tener* y *llevar*. El alumno que tiene la información solamente puede contestar con *sí, no* o *no sé*.

Preguntas:	Respuestas
¿Es...?	sí
¿Está...?	no
¿Lleva...?	no sé
¿Tiene (él/ella)...?	

14 Observe los dibujos e intente contar una historia a partir de ellos.

– El otro día, vi a un hombre en el supermercado que...

Gramática

15 Escoja la forma correcta del verbo.

Los abuelos

Todos los sábados por la mañana, Sara iba a ver a sus abuelos. 1 Vivieron/Vivían cerca de su casa y 2 pudo/podía ir dando un paseo. Le 3 gustó/gustaba mucho ir a visitarlos porque desde que 4 fue/era pequeña, 5 pasó/pasaba los sábados por la mañana con ellos.

Cuando 6 fue/era niña, 7 fueron/eran ellos quienes 8 vinieron/venían a su casa a recogerla y la 9 llevaron/llevaban a algún sitio: a un museo, si 10 llovió/llovía o 11 hizo/hacía frío, o al parque o algún mercadillo, cuando el tiempo 12 fue/era bueno. La verdad es que siempre 13 encontraron/encontraban algo que a ella le 14 pareció/parecía divertido.

Pero hace cinco años, 15 fue/era ella quien 16 empezó/empezaba a ir a casa de ellos. No solo porque ya no 17 fue/era una niña, sino porque el abuelo 18 estuvo/estaba enfermo. El abuelo 19 empezó/empezaba a olvidar las cosas, pero como siempre había sido muy despistado, al principio nadie le 20 dio/daba mucha importancia. Pero un día que el abuelo 21 fue/iba a recoger un paquete a Correos, se 22 perdió/perdía al volver a casa. Menos mal que 23 llevó/ llevaba su carné de identidad y la policía municipal lo 24 acompañó/acompañaba a su casa. La abuela lo 25 llevó/llevaba inmediatamente al médico de cabecera y este los 26 mandó/mandaba a un neurólogo. El diagnóstico 27 fue/era implacable: el abuelo 28 tuvo/tenía la enfermedad de Alzheimer.

16 Complete los espacios con la forma correcta del verbo.

"Auguste D."

Ya los antiguos filósofos y médicos griegos y romanos relacionaron vejez y demencia. Sin embargo, (ser) 1.......................... en 1901 cuando el psiquiatra alemán Alois Alzheimer (identificar) 2.......................... el primer caso de lo que se conoce hoy como la enfermedad que lleva su nombre. El Dr. Alzheimer, que (desempeñar) 3.......................... su trabajo en el hospital para enfermos mentales de Frankfurt, (estudiar) 4.......................... el caso de una mujer que (tener) 5.......................... cincuenta años de edad, a quien (dar) 6.......................... el nombre de "Auguste D" (su verdadero nombre (ser) 7.......................... Auguste Deter). (él) (Tratar) 8.......................... a esta paciente desde que (llegar) 9.......... a su consulta hasta que (morir) 10.......................... en 1906. Tras su fallecimiento, el doctor (examinar) 11.......................... su cerebro en el laboratorio y, posteriormente, (hacer) 12.................. el caso público, dando a conocer el seguimiento que había llevado a cabo de su paciente y los resultados de los estudios de su cerebro. Durante los siguientes cinco años, la literatura médica (recoger) 13.................. al menos once casos que (presentar) 14.................. características similares, dándole ya a esta patología el nombre de enfermedad de "Alzheimer".

Emil Kraepelin (categorizar) 15............... la enfermedad por primera vez y la incluyó en la octava edición de su libro de texto de psiquiatría, publicado en 1910. Como en esa época el alemán (ser) 16.......................... la lengua que se (usar) 17.......................... fundamentalmente en los escritos científicos, especialmente en los de psiquiatría, el hecho de que la enfermedad de Alzheimer apareciera categorizada con este nombre en un libro de texto, (contribuir) 18.......................... a que esta denominación se hiciera famosa.

17 Complete las siguientes preguntas profundas con alguna, de estas formas verbales: *venimos, vamos, tiene, estamos, somos, es, estamos*. Algunas pueden repetirse.

1 ¿Qué .... la vida?

2 ¿Quiénes ....?

3 ¿Adónde ....?

4 ¿De dónde ....?

5 ¿Para qué .... en este mundo?

6 ¿Cuál .... el sentido de la existencia?

7 ¿Por qué los seres humanos .... mortales?

8 ¿Por qué a veces .... deprimidos?

9 ¿Cómo .... realmente el ser humano?

Después de completar este ejercicio. Escriba un texto breve de 40 o 50 palabras dando una explicación a las preguntas.

18 Complete los espacios del siguiente diálogo con la forma correcta de los verbos SER o ESTAR.

> **RECUERDE**
>
> La gramática le puede ayudar a hacer la selección correcta. Hay restricciones sintácticas: solo se pueden atribuir sustantivos al sujeto con el verbo ser, y solo estar se puede usar con gerundio y con los adverbios bien y mal.
>
> Consulte su libro de gramática para más detalles.
>
> • Los dos verbos –*ser y estar*– se pueden usar para atribuir adjetivos. En ese caso la diferencia está en lo que quiere comunicar el hablante: si el adjetivo lo usa para describir, dar una cualidad que considera inherente al sujeto, usará *ser*, pero si presenta la cualidad como algo que percibe en ese momento, o el resultado de un cambio que es una reacción, usará *estar*.
>
> *Pablo* **es** *muy inteligente. Siempre saca muy buenas notas.*
>
> *Pilar* **está** *muy delgada. Ha perdido 5 kg en 2 semanas.*
>
> • Una estrategia: los adjetivos que vienen de participios llevan *estar*, como regla general.
>
> *Ya* **está** *arreglada la lavadora.*

◆ ¿Sabes que (yo) 1 .... estudiando genética?

○ ¿Sí? ¡Qué difícil debe de 2 .... eso!

◆ No te creas. No tanto. Es que quiero 3 .... bióloga.

○ Pues yo 4 .... trabajando en una galería de arte, pero no porque quiera 5 .... artista.

◆ ¿Y te gusta o 6 .... un trabajo aburrido?

○ Aburrido ¡qué va! 7 .... interesantísimo; (yo) 8 .... totalmente fascinada con ese mundo. La gente con la que trato 9 .... lista, interesante, moderna... Y siempre (yo) 10 .... de fiesta en fiesta...

◆ Pues yo casi siempre 11 .... en el laboratorio o estudiando, pero la verdad 12 .... que me encanta lo que hago.

○ Eso 13 .... bien.

◆ Hasta cierto punto, porque últimamente he trabajado tanto que (yo) 14 .... muerta de cansancio. Necesito unas vacaciones.

○ Yo también, pero mi jefa 15 .... de viaje en una feria de arte y no vuelve hasta la semana que viene y yo me tengo que ocupar de todo: abrir la galería, atender a la gente, cerrar, ir a las inauguraciones ¡16 .... agotada!

◆ Pero si 17 .... solo una semana.

○ Sí, pero, ¡qué semana!

Vocabulario

19 Sopa de letras. En la sopa de letras se esconden diez palabras relacionadas con la ciencia. Pueden estar escritas en cualquiera de estas direcciones: de izquierda a derecha, de derecha a izquierda, de arriba abajo, de abajo arriba.

Z	I	W	E	R	T	Y	U	I
X	B	T	O	S	E	U	H	Q
C	I	T	P	N	F	G	P	W
V	Ó	X	R	L	O	A	Ó	L
B	L	T	E	A	L	Z	E	R
N	O	Y	U	V	E	I	T	O
T	G	D	C	I	P	C	P	M
Y	O	Y	A	L	U	L	É	C
É	P	Á	S	A	N	G	R	E
S	E	I	B	S	O	R	U	N
N	N	S	G	E	M	H	F	R
E	S	T	O	R	N	U	D	O
G	L	Y	Z	X	J	E	G	S
H	S	I	S	I	L	Á	N	A

ANÁLISIS

BIÓLOGO

CÉLULA

CUERPO

ESTORNUDO

GEN

HUESO

PELO

SALIVA

SANGRE

20 Escriba el artículo correcto –el, la, los, las– delante de las siguientes palabras.

1 .... mapa
2 .... gas
3 .... tema
4 .... costumbre
5 .... nación
6 .... corazón
7 .... saliva
8 .... pelo
9 .... genoma
10 .... análisis

11 .... revolución
12 .... país
13 .... planeta
14 .... mano
15 .... tijeras
16 .... informe
17 .... condición
18 .... sistema
19 .... razón
20 .... fin

INFO

Las palabras *mapa, planeta, idioma, sistema, tema* tienen en común que:

• Proceden del griego y en principio designan conceptos o representaciones de la realidad.

• Son del género masculino (el que tenían originalmente en griego).

También siguen esta regla palabras de formación reciente del ámbito de la lingüística (*fonema, morfema, sema, sintagma*, etc.) o de la ciencia (*cromosoma*).

21 En el texto 1 del apartado LEER ha visto lo que significan las siglas ADN. A continuación tiene algunas siglas de uso frecuente en España. Léalas y complete el siguiente diálogo:

ADN: ....

CIF: Código de Identificación Fiscal

DNI: Documento Nacional de Identidad

IVA: Impuesto sobre el Valor Añadido

NIF: Número de Identificación fiscal

OEA: Organización de Estados Americanos

OMS: Organización Mundial de la Salud

ONG: Organización No Gubernamental

ONU: Organización de las Naciones Unidas

OTAN: Organización del Tratado del Atlántico Norte

RAE: Real Academia Española

SIDA: Síndrome de Inmunodeficiencia Adquirida

TV: Televisión

UVA (rayos) Ultra Violeta

W.C. del inglés *water closet*, en muchos lugares designa los servicios, lavabos, aseos, baño.

INFO

En español si la sigla tiene vocales que permiten formar una sílaba C+V (consonante + vocal), la leemos como una palabra, por ejemplo: *rae* (RAE), o *iva* (IVA), pero si no existe esta distribución, la deletreamos: *o, ene, ge* (ONG), excepto si la consonante final es s: *oms* (OMS).

◆ El otro día me robaron el bolso y, claro, llevaba el 1 .... y he tenido que ir a la policía a hacerme uno nuevo.

○ Sí, qué lata el papeleo. Pues yo vengo de la Administración de Hacienda para una cosa de mis impuestos y no he podido hacer nada porque no me acordaba de mi 2 ....

◆ Por cierto, hablando de impuestos, ¿te has enterado de que va a subir el 3 .... de todos los productos.

○ ¿De todos? ¡Qué barbaridad! ¿Y cuánto?

◆ Pues eso no lo sé. ¡Ay! ¡Qué se me hace tarde! Tengo que dejarte que voy a la 4 .... a una conferencia sobre literatura del Siglo de Oro.

○ Yo también tengo prisa: tengo hora en el salón de belleza para una sesión de rayos 5 ....

22 Complete las oraciones usando la forma correcta de la palabra en mayúsculas.

1 El paciente tuvo que recibir tratamiento .... PSIQUIATRA

2 El doctor recomendó que ingresaran al paciente .... INMEDIATO

3 No siempre resulta fácil .... la enfermedad de Alzheimer. DIAGNÓSTICO

4 El abuelo es un hombre .... pero no tiene ninguna enfermedad senil. DESPISTE

5 Todo el mundo debe mantener su cerebro activo y no ser .... PEREZA

6 Una buena .... también contribuye a mantener la mente joven. ALIMENTAR

7 El Alzheimer se produce por la .... gradual de neuronas. PERDER

8 Los frutos rojos son buenos para prevenir las enfermedades .... CEREBRO

23 Forme el adverbio que corresponde a los siguientes adjetivos:

1 rápido ....
2 fácil ....
3 urgente ....
4 lento ....
5 estupendo ....
6 difícil ....
7 inmediato ....
8 implacable ....
9 intenso ....
10 frío ....
11 alegre ....
12 inteligente ....
13 tranquilo ....
14 extraño ....
15 violento ....
16 sutil ....

24 Árbol genealógico de mi familia. Complete los espacios con las siguientes palabras referidas a antepasados:

> bisabuelos paternos - madre - tatarabuelos maternos - abuelos maternos
> padre - tatarabuelos paternos - abuelos paternos - bisabuelos maternos

Si recuerda el nombre y apellido de los miembros de la generación, inclúyalos en las cajas.

Puede comparar sus resultados con los de un compañero.

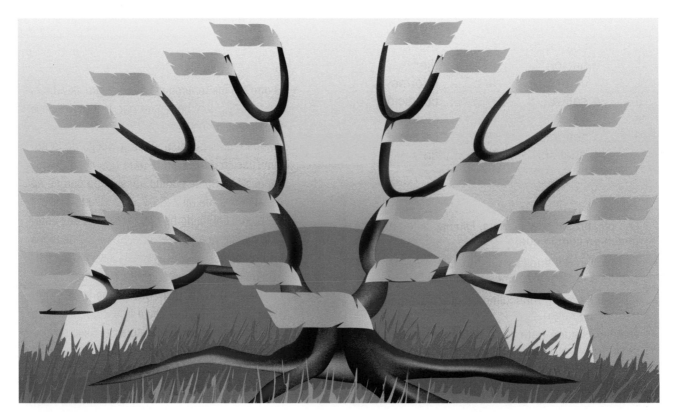

Glosario

Todas estas palabras se encuentran en esta unidad. Escriba al lado de cada una la traducción a su idioma.

abuelo ....

alegre ....

análisis ....

antepasado ....

barba ....

biólogo ....

bisabuelo ....

calvo ....

cáncer ....

cansancio ....

célula ....

cerebro ....

científico ....

consulta ....

corazón ....

dar un paseo ....

demencia ....

deprimido ....

despistado ....

diagnóstico ....

dormir ....

enfermedad ....

enfermo ....

estornudo ....

fallecimiento ....

fascinado ....

genética ....

gimnasia ....

hereditario ....

hueso ....

investigar ....

joven ....

jubilarse ....

laboratorio ....

media naranja ....

medioambiental ....

memoria ....

mente ....

molécula ....

moreno ....

morir ....

muerto ....

neurólogo ....

olor ....

olvidar ....

paciente ....

paternidad ....

pelo ....

pereza ....

piel ....

planeta ....

predisposición ....

prevenir ....

razón ....

rubio ....

saliva ....

sangre ....

semen ....

senil ....

sistema ....

sueño ....

tatarabuelo ....

tercera edad ....

tijeras ....

triste ....

vejez ....

Examen 1

Parte número 1

A continuación, encontrará un texto y tres preguntas sobre él. Marque la opción correcta.

Texto informativo

Público

pág. 41

CIENCIAS

Los ordenadores baratos triunfan en EE UU y llegarán a España en abril

Benyi Arregocés
BILBAO

■ ¿Por qué pagar 1000 euros por un ordenador? Esta es la pregunta que han debido de hacerse los consumidores de Estados Unidos que están comprando equipos con un precio imbatible, alrededor de 200 dólares, como los Everex gPC, Mirus Linux o el Asus Eee. En Asus Ibérica confirman que van a lanzar el Asus Eee en España a finales de abril, aunque el precio no ha sido establecido aún.

El truco está en que los fabricantes apuestan por instalar una distribución del sistema operativo libre GNU/Linux y que los componentes de estos equipos ofrezcan menos prestaciones que los de los ordenadores más punteros, lo que les permite abaratar costes.

Este tipo de aparatos se vende tanto en formato sobremesa (el monitor no está incluido) como en forma de ultraportátiles, con una pantalla de 7 pulgadas y un coste ligeramente superior.

Aunque carezcan de los procesadores más rápidos o de los discos duros más grandes, estos ordenadores baratos pueden suponer una puerta de entrada a nuevos usuarios. «Hay una gran resistencia de una gran parte de la población a entrar en internet, no tanto por el precio sino porque no ven interés, pero que abaraten la barrera de entrada del precio a ese nivel resulta bastante interesante», señala Enrique Dans, profesor del Instituto de Empresa.

1 Según esta noticia, en España, Asus Ibérica:

◻ a va a empezar a vender a finales de abril equipos informáticos por un precio cerrado de 137 euros.

◻ b sacará al mercado equipos informáticos a un buen precio, que todavía no se sabe cuál será.

◻ c comercializará una variedad de equipos a un precio imbatible que no podrá superar al de los EE UU.

2 La noticia informa de que:

◻ a los fabricantes ofrecerán ordenadores con tantas prestaciones como los actuales, aunque con distribución limitada.

◻ b los sistemas operativos de los nuevos ordenadores se distribuirán libremente en el mercado.

◻ c los ordenadores se ofrecerán en dos formatos diferentes y con precios diferentes.

3 Según Enrique Dans, profesor del Instituto de Empresa, los ordenadores baratos:

◻ a no tendrán demasiado éxito porque no permitirán el acceso a los recursos interesantes de internet.

◻ b tal vez contribuyan a que un mayor número de personas se decida a utilizar internet.

◻ c no resistirán demasiado tiempo con ese precio por las barreras que encontrarán en internet.

Parte número 2

A continuación, le presentamos una serie de textos breves. Conteste a las preguntas que le hacen y marque la opción correcta.

Texto A

Público   pág. 40

SALUD

Aplicar miel en quemaduras leves es seguro y eficaz

▬ Para las personas reticentes a utilizar fármacos, existe un remedio natural para acabar con las molestias que acompañan a las quemaduras leves, las de primer grado. Según diversos estudios científicos, recogidos ayer en *The New York Times*, aplicar miel sobre la quemadura y taparla con gasa puede ser tan eficaz como poner una pomada antibiótica.

4 Según esta noticia, está demostrado que la miel puede curar todo tipo de quemaduras.

◻ a Verdadero

◻ b Falso

Texto B

Público   pág. 40

PUBLICIDAD

LA INICIATIVA

Nuevo sistema de administración de fármacos gratuito

— Sanofli-Aventis ha desarrollado un nuevo dispensador de medicamentos (SAM) que incluye un reloj con alarma. Se facilita gratis y el usuario tan solo debe solicitarlo a través de su farmacéutico.

5 El SAM ofrece un dispensador de medicamentos que viene acompañado de un reloj para recordar la hora a la que debe tomar la medicina.

  ☐ a Verdadero
  ☐ b Falso

Texto C

La huelga de la EMT deja sin bus a 450 000 viajeros

Y los paros vuelven esta noche, a partir de las 00.00 h y en varios tramos de mañana. El viernes, todo el día.

6 La huelga de la EMT va a continuar al día siguiente de la noticia durante todo el día.

  ☐ a Verdadero
  ☐ b Falso

Texto D

Radares al descubierto

Al menos 10 radares fijos funcionan ya en los túneles de la M-30, donde todos multarán a partir de 70 km/h, salvo uno, en el subterráneo de Embajadores-M-40, que multará a quienes vayan a más de 50.

7 Los radares fijos de los túneles de la M-30 multarán a todos los que sobrepasen los 50 km/h.

  ☐ a Verdadero
  ☐ b Falso

Texto E

Daniela:

Llegaré tarde. No me esperes para comer. En la nevera hay un guiso de pollo con verduras: solo tienes que calentarlo. También te puedes hacer una ensalada, si te apetece. O freírte unas patatas: hay una bolsa de esas que ya vienen cortadas en el congelador.

Hasta la noche. Un beso,

Mamá

8 La madre de Daniela le ha dejado comida preparada: pollo frito con patatas y ensalada.

    ☐ a Verdadero
    ☐ b Falso

Texto F

9 Un requisito indispensable para solicitar este empleo es:

    ☐ a ser mujer menor de sesenta años.
    ☐ b tener un teléfono de empresa.
    ☐ c poder hacer entrevistas personales.

Seleccionamos a 4 Sras./Srtas.
ASESORAS FAMILIARES
Formación a cargo de la empresa
Para trabajo telefónico
Entre 30 y 55 años
Sensibilidad con los niños.
Buena comunicación.
Interesadas concertar entrevista personalizada con la Srta. Silvia al tel. 91 543 66 90, lunes día 3 y martes día 4 de 9.30 a 13.00 y de 15.00 a 18.00 h.

Texto G

Se convoca reunión de propietarios de la finca de la c/ Tiviaro 25, el martes 2 de marzo a las 19.30 h en primera convocatoria y a las 20.00 h en segunda convocatoria.
Orden del día:
    1. Informe del presidente de la comunidad.
    2. Propuesta de reforma de la cubierta del edificio, debido a las filtraciones detectadas después de las últimas lluvias y que han dañado la fachada.
    3. Exigir al comercio de la planta baja que tome medidas para eliminar los malos olores y el humo que salen de sus instalaciones.
    4. Ruegos y preguntas.
Por favor, asistan todos dada la importancia de los puntos que se tratarán. Se ruega puntualidad.

10 En la reunión de propietarios de la finca de la c/ Tiviaro 25, el presidente de la comunidad tiene previsto plantear:

    ☐ a la urgencia de expulsar de la comunidad al comerciante por los malos olores que causa y el humo que va hacia la cubierta del edificio.
    ☐ b la importancia de que le escuchen durante las reuniones y de que se llegue a la hora prevista para evitar terminar muy tarde.
    ☐ c la necesidad de hacer arreglos en el tejado del edificio porque ha entrado agua por él y ha causado desperfectos.

Parte número 3

A continuación encontrará un texto y diez preguntas sobre el horóscopo.
Marque la opción correcta.

Horóscopo

Aries 21-03/20-04

Tu relación de pareja puede dar un giro con ciertos aires de misterio. Será divertido y gratificante a la vez.

Tauro 21-04/20-05

El panorama laboral puede presentarse poco claro para ti. Lo podrás solucionar si te preocupas por aclarar la situación, informando de la importancia de lo que haces.

Géminis 21-05/21-06

Las buenas intenciones pueden no ser suficientes si los hechos no las acompañan. Tal vez es el momento de pasar a la acción, aunque resulte difícil.

Cáncer 22-06/22-07

Tu estado anímico está en alza y desbordas optimismo. Quizá es el momento para plantearte algunos cambios.
Confía en tu pareja.

Leo 23-07/22-08

Tu casa es tu refugio y tu energía. No permitas que ningún extraño invada tu espacio, fingiendo que es tu amigo. Usa tu fuerza de león.

Virgo 23-08/21-09

Es probable que notes ciertos movimientos en tu entorno laboral. No te preocupes más de lo necesario, pero actúa con prudencia.

Libra 22-09/22-10

Hoy es un día propicio para la reflexión a solas. Piensa en tus cosas, pero olvídate de las que no puedes cambiar. Y sal a disfrutar solo o con amigos.

Escorpio 23-10/21-11

La lucha diaria en solitario te puede conducir a un estado de estrés. Intenta delegar algunas responsabilidades y no malgastes tu energía en el trabajo.

Sagitario 22-11/22-12

Necesitarás mucha perseverancia y no dejarte llevar por la intransigencia para salir con éxito de las situaciones que te esperan. Tendrás que combinar fuerza y flexibilidad.

Capricornio 23-12/19-01

Estás en el momento adecuado para cerrar algunos capítulos de tu vida y asumir nuevas responsabilidades. Eso te hará crecer en tu interior y beneficiará tu futuro.

Acuario 20-01/18-02

Debes confiar en ti y permitir que tus originales ideas y tu vitalidad se reflejen en tu entorno laboral. De esta manera los demás confiarán en ti y te valorarán.

Piscis 19-02/20-03

Hoy es un buen día para que disfrutes con tu pareja de tu energía positiva. Concédete algún capricho y regálate algo.
Debes ser menos rígido contigo mismo.

Según el texto,

11 para una persona nacida el 20 de octubre, según este horóscopo hoy es un buen día para:

☐ a dedicar tiempo a su pareja.
☐ b hacer confidencias a un amigo.
☐ c meditar sobre sus propios asuntos.

12 si el horóscopo recomienda a una persona que se preocupe por proporcionar información acerca de su trabajo es que es del signo de:

- ☐ a Virgo.
- ☐ b Acuario.
- ☐ c Tauro.

13 a las personas nacidas el 30 de marzo se les anuncia que hoy:

- ☐ a es un buen día para pasarlo con su pareja.
- ☐ b la relación con su pareja puede tener algún cambio.
- ☐ c debe dar muestras de confianza a su pareja.

14 si a una persona le recomiendan que comparta sus responsabilidades en el trabajo es que es del signo de:

- ☐ a Capricornio.
- ☐ b Escorpio.
- ☐ c Sagitario.

15 a las personas del signo de Piscis, se les recomienda que:

- ☐ a no pongan toda su energía en el trabajo.
- ☐ b sean más positivas en su relación de pareja.
- ☐ c se den algún premio o gratificación.

16 si el horóscopo recomienda a una persona que ha llegado el momento de que sus intenciones se transformen en acciones es que es del signo de:

- ☐ a Tauro.
- ☐ b Géminis.
- ☐ c Cáncer.

17 a las personas de Escorpio, se les recomienda:

- ☐ a luchar contra el estrés.
- ☐ b no trabajar tanto.
- ☐ c evitar las responsabilidades.

18 a las personas de Leo se les aconseja:

- ☐ a defender su intimidad.
- ☐ b compartir su energía con otros.
- ☐ c pasar más tiempo en casa.

19 a las personas de Acuario se les recomienda:

- ☐ a no reprimir su vitalidad.
- ☐ b confiar en los demás.
- ☐ c valorar su entorno laboral.

20 a las personas de Sagitario se les advierte de que necesitarán ser más:

- ☐ a intransigentes.
- ☐ b flexibles.
- ☐ c esperanzados.

PRUEBA 2 Producción de textos escritos

Parte número 1

Para solicitar un empleo de recepcionista en un hotel se le requiere que complete este formulario.

Formulario de solicitud

Apellidos y nombre:...

Dirección: ....

Teléfono de contacto: ....

Fecha de nacimiento: ....

Estudios: ....

Experiencia laboral: ....

Conocimientos de español y otros idiomas: ....

Escriba un breve resumen en las siguientes líneas, explicando por qué cree que usted es la persona idónea para este puesto.

....

....

Parte número 2

Tiene usted dos opciones. Escoja solamente una.

Opción 1 – Escriba entre 80 y 100 palabras

Usted va a dar una fiesta para celebrar su cumpleaños en su casa y quiere invitar a algunos compañeros de su clase de español. Escriba una nota indicándoles el motivo de la fiesta, su deseo de que asistan, la comida que servirá y otras razones para asegurarles que lo pasarán bien. También tiene que incluir el día y la hora de la fiesta, así como dar su dirección e indicaciones de cómo llegar a su casa y otros datos que le parezcan relevantes.

Opción 2 – Escriba entre 80 y 100 palabras

Usted tiene que escribir un correo electrónico a un centro de enseñanza de español, explicando sus características (dónde vive, de cuántas horas dispone, su presupuesto, etc.) y necesidades de aprendizaje de la lengua para que le envíen información de los cursos que mejor se puedan adaptar a su perfil. Añada una pequeña queja porque no ha podido encontrar esta información en la página del centro en internet.

PRUEBA 3 Interpretación de textos orales

Parte número 1

A continuación escuchará diez diálogos breves entre dos personas. La persona que responde lo hace de tres formas distintas, pero, solamente una es adecuada. Oirá cada diálogo dos veces. Después de la segunda audición, marque la opción correcta.

1 Hombre: ....

Mujer:

☐ a Sí, me cansa mucho.
☐ b He dormido poco.
☐ c Me he lavado la cara.

2 Hombre: ....

Mujer:

☐ a Sí. Escribe muy bien.
☐ b Sí. Dice la verdad.
☐ c Sí. Tiene muchos libros.

3 Hombre: ....

Mujer:

☐ a No lo sé.
☐ b Incluso a mí.
☐ c Yo tampoco.

4 Hombre: ....

Mujer:

☐ a No están aquí.
☐ b ¿No ha llegado ninguno?
☐ c ¿A qué hora han llegado?

5 Hombre: ....

Mujer:

☐ a Yo se las dejo al portero y así siempre sé dónde están.
☐ b Yo las busco en el despacho y así siempre las encuentro.
☐ c Yo no quiero encontrar las llaves, así siempre las busco.

6 Hombre: ....

Mujer:

☐ a Pues dáselo a tus hermanas: a alguna le servirá.
☐ b Tu abrigo rojo me encanta.
☐ c Ponte el abrigo, hace frío.

7 Hombre: ....

Mujer:

☐ a ¿Qué le dice todo el mundo?
☐ b ¿Que qué has comido?
☐ c ¿A cuál te refieres?

8 Hombre: ....

Mujer:

☐ a Pues yo estuve la semana pasada.
☐ b Y por eso me encanta el arte.
☐ c Yo también lo conozco.

9 Hombre: ....

Mujer:

☐ a No te preocupes, hoy volvemos juntos.
☐ b No importa. Te esperaré hasta que termines.
☐ c Está bien: volveré después del trabajo.

10 Hombre: ....

Mujer:

☐ a Para mí, es necesario olerlo.
☐ b Yo que tú, lo dejaría.
☐ c En mi opinión, no come bien.

Parte número 2

A continuación escuchará siete diálogos muy breves. Se hará una pregunta acerca de cada uno de ellos. Escoja una de las tres respuestas que se le proponen. Oirá cada diálogo dos veces. Después de la segunda audición marque la opción correcta.

Texto número 1

11 ¿Cuántos hijos tiene Marta?

☐ a ☐ b ☐ c

Texto número 2

12 ¿Qué toma la mujer en el desayuno?

☐ a ☐ b ☐ c

Texto número 3

13 ¿Qué vio el hombre?

☐ a ☐ b ☐ c

Texto número 4

14 ¿Cómo era la falda del uniforme de Laura?

□ a

□ b

□ c

Texto número 5

15 ¿Qué le gusta a Pablo?

□ a

□ b

□ c

Texto número 6

16 ¿Cómo era el anillo de Irene?

□ a

□ b

□ c

Texto número 7

17 ¿Cuál es la única cosa que no ha cambiado la mujer?

□ a

□ b

□ c

Parte número 3

🎧 A continuación oirá dos veces un mensaje informativo. Después de la segunda audición marque la opción correcta.

18 Según la grabación, durante una semana va a bajar de precio exclusivamente la ropa de la nueva temporada.

☐ a Verdadero ☐ b Falso

19 La voz anuncia que habrá productos con un 40% de descuento en alguna planta.

☐ a Verdadero ☐ b Falso

20 Todas las carnes y pescados del supermercado van a estar rebajados solo durante esta semana.

☐ a Verdadero ☐ b Falso

Parte número 4

🎧 A continuación va a oír dos veces una conversación. Después de la segunda audición marque la opción correcta.

21 La señora tiene problemas para llevar a su hijo al doctor porque:

☐ a la consulta es solo los lunes y jueves por la tarde.
☐ b las horas posibles coinciden con su horario de trabajo.
☐ c el niño tiene que ir al colegio por las mañanas.

22 La señora decide:

☐ a pedir hora con otro pediatra.
☐ b ir a las urgencias de un hospital.
☐ c aceptar la cita de media tarde que le ofrecían.

PRUEBA 4 Gramática y vocabulario

Parte número 1

¿Qué está expresando usted con las siguientes frases? Marque la opción correcta.

1 Yo que tú, llevaría el paraguas: parece nublado.

Usted...

☐ a pide prestado un paraguas.
☐ b recomienda salir con paraguas.
☐ c recuerda devolver el paraguas.

2 El director acaba de llegar a su despacho.

Usted...

☐ a informa de que el director ya ha llegado.
☐ b pregunta si el director está llegando.
☐ c pide que el director llegue finalmente.

3 Tengo tarjeta de estudiante. Por eso me hacen descuentos en los transportes y en el cine.

Usted...

☐ a puede descontar los transportes con su tarjeta de estudiante.

☐ b paga menos en el cine como consecuencia de ser estudiante.

☐ c necesita una de tarjeta de estudiante especial para viajar e ir al cine.

4 Creo que la semana que viene el Profesor Gómez vuelve a dar la conferencia sobre Cervantes porque mucha gente no pudo asistir el otro día.

Usted...

☐ a informa de que el profesor dará la conferencia otra vez.

☐ b anuncia que el profesor volverá porque no pudo dar la conferencia.

☐ c piensa que quizá el profesor quiera dar la conferencia otro día.

5 No veo a mi hermana pequeña desde hace más de seis meses.

Usted...

☐ a por fin ve a su hermana después de seis meses.

☐ b tiene que esperar seis meses más para ver a su hermana.

☐ c ha pasado más de seis meses sin ver a su hermana.

Parte número 2

A la izquierda tiene diez frases. En cada frase hay en negrita una o dos palabras que no son adecuadas. Sustitúyalas por alguna de las palabras de la lista que aparece en el cuadro de la derecha.

6 ¡Es increíble: el pequeño es tan alto **que** el mayor!	a como
7 Mañana voy al dentista **así que** me duele mucho una muela.	b está
8 Pasado mañana **llegaron** todos mis parientes.	c habían
9 Me han dicho que esa profesora siempre **es** de mal humor.	d hay
10 Yo soy la única persona que **hay que llegar** aquí antes de las nueve: es injusto.	e jugar
	f para
11 Me gustaría ir al concierto, **entonces** trabajo a esa hora y no puedo asistir.	g pero
	h por
12 ¿Hay alguna parada del autobús 5 **en** aquí cerca?	i porque
13 ¿Te apetece tomar una **botella** de café o de té?	j servilleta
14 ¿Sabes **tomar** algún instrumento musical?	k taza
15 No encuentro nada: **están** demasiadas cosas encima de la mesa.	l tiene
	m tiene que estar
	n tocar
	ñ vendrán

Parte número 3

Complete los huecos del siguiente texto con una de las opciones que se le proponen.

¿De dónde vienen los cómicos?

Reportaje Peio H. Riaño – Madrid

Eso nadie lo sabe. Nadie sabe de dónde vienen, ni siquiera ellos, porque desconocen de 16........... partieron en su viaje por las plazas 17.......... recónditas del país. El oficio de cómico 18........... ha tenido mala fama: vagos, vagabundos, libertinos, soñadores… 19........... por encima de todas ellas, fama 20......... inseguros. Solo el hambre superaba las 21.......... de triunfo del actor, en 22........... mundo de los cómicos en eterna gira, 23........... Fernando Fernán Gómez retrató en la película *El viaje a ninguna parte* (1986). Actores de bolo en bolo y desmonto porque me toca.

(...)

Los tiempos cambian

Pero los 24........... se pierden. La tradición tal y 25........... se entendía está en peligro de extinción. «Es una 26........... muy dura, con una cara bonita y un 27.......... espectacular no basta», lo dice Javier Gutiérrez que protagoniza *Argelino*, la última creación de Animalario, 28............... cree que los nuevos actores saltan a las series de televisión 29.......... pasar por la escena. Se evitan disgustos,

pero 30........... filosofía. La que supone cargar y descargar la furgoneta, montar y desmontar el escenario. ¿Actuar? Entremedias.

Una de las compensaciones de los cómicos era ese misterioso placer del que habla Fernando Fernán Gómez de incorporar el personaje a uno mismo y sentirse invadido por él. «Es este quizá el único oficio en el que la alineación puede llegar a producir felicidad.»

Público

16	a por qué	b dónde	c cuándo
17	a más	b muy	c tanto
18	a entonces	b siempre	c cuando
19	a Aun	b Todavía	c Pero
20	a de	b con	c para
21	a ansiosas	b ansiadas	c ansias
22	a aquel	b eso	c este
23	a cual	b que	c cuyo
24	a comicidades	b cómicos	c cósmico
25	a cuál	b que	c como
26	a profesión	b profesional	c profesionalidad
27	a figura	b cuerpo	c silueta
28	a como	b porque	c puesto
29	a para	b al	c sin
30	a todavía	b también	c incluso

PRUEBA 5 Expresión e interacción orales

Parte número 1 (1-2 minutos aprox.)

Le harán preguntas sencillas relacionadas con su familia, trabajo o estudios y actividades habituales.

Ejemplos:

¿Cómo es su familia?

¿A qué se dedica usted?

¿Cómo es un día típico de su vida?

Parte número 2 (1-2 minutos aprox.)

Tendrá que dar muestras de lengua en una situación concreta, que simulará una situación de uso de la lengua en un contexto supuestamente real.

Dispondrá de un lapso de tiempo para preparar su actuación.

Ejemplo de situación:

Está buscando apartamento. Tiene que explicar en la agencia inmobiliaria características del apartamento que desea: su ubicación, su tamaño, su distribución, otras características, precio que puede pagar.

Parte número 3 (2-3 minutos aprox.)

Expresión oral con ayuda de soporte gráfico: básicamente descripción y narración. Dispondrá de un tiempo para preparar su actuación.

Cuente lo que le pasó a la persona de las viñetas. Están en orden cronológico de izquierda a derecha.

Parte número 4 (3 minutos aprox.)

Tendrá que charlar con el examinador a partir del soporte gráfico de la parte 3 y contarle una anécdota suya personal similar. Si no ha vivido una situación así, invéntela.

Examen 2

Parte número 1

A continuación, encontrará un texto y tres preguntas sobre él. Marque la opción correcta.

Texto informativo

EL PAÍS

40

sociedad

Mecanismos del habla
De los sonidos de los bebés al lenguaje como parche evolutivo

Joan Carles Ambrojo
Barcelona

Los humanos son muy especiales porque cuando son todavía bebés, en su primer año de vida, «hacen cosas poco rebuscadas, muchas tonterías, gesticulan sin sentido y utilizan sílabas como *la-la-la* que no tienen sentido», dice Friedmann Pulvermüller, neurobiólogo de la Universidad de Cambridge. «Antes se consideraba que era un prelenguaje, pero con la neurociencia creemos que es un paso importante para relacionar la acción con la percepción. Produzco un sonido, lo escucho, y luego las partes del cerebro que procesan los sonidos se activan junto con las partes que controlan los movimientos».

¿Cuándo se originó el lenguaje? ¿Por qué los humanos tenemos esta capacidad, quizá una de las más importantes? Hablamos desde hace miles de años, pero no existen todavía respuestas rotundas. Muchos investigadores hablan del papel de las neuronas espejo que vinculan percepciones y acciones. Porque es evidente que hasta los niños pequeños son muy hábiles para imitar y repetir palabras, mientras que no ocurre lo mismo con los monos que apenas tienen neuronas espejo.

¿Pero cuál es su mecanismo? «Probablemente consiste», afirma Pulvermüller, «en una unión entre lo percibido y las representaciones: el sonido de la palabra y los movimientos de la boca, es decir los elementos de la articulación, deben de estar unidos. Y esto debe ocurrir miles de veces». Y añade que cuando se entiende una palabra, primero se activa la parte del cerebro que escucha y a continuación la parte motora de forma automática, aunque no sea necesario producir el sonido, porque la representación se esparce por el cerebro.

1 Según esta noticia, el comportamiento de los bebés durante su primer año de vida:

    ▭ a constituye un entrenamiento para desarrollar el lenguaje adulto.

    ▭ b sirve para desarrollar el sistema auditivo.

    ▭ c impulsa a que se activen las partes del cerebro que procesan los sonidos y los movimientos.

2 La noticia informa de que muchos investigadores sostienen que para entender cómo se originó el lenguaje humano:

    ▭ a hay que vincularlo al estudio de las neuronas por los monos.

    ▭ b conviene indagar en las neuronas que esparcen representaciones.

    ▭ c es necesario saber más acerca del papel de las neuronas espejo.

3 Pulvermüller cree que uno de los aspectos fundamentales del mecanismo que origina el lenguaje es:

    ▭ a la repetición de la misma palabra mil veces.

    ▭ b el entendimiento de la palabra.

    ▭ c la unión entre el sonido y el movimiento de la boca.

Parte número 2

Instrucciones

A continuación, le presentamos una serie de textos breves. Conteste a las preguntas que le hacen y marque la opción correcta.

Texto A

4 Según esta noticia, más de la mitad de los productos analizados por la OCU pueden resultar malos para la salud.

    ▭ a Verdadero

    ▭ b Falso

Qué!

Rico, pero poco sano

El 52% de las galletas, bollos, repostería, pan, aperitivos, patatas fritas y salsas analizados por la Organización de Consumidores y Usuarios (OCU) tienen grasas poco saludables.

Texto B

20 minutos

Vivienda y hogar **16**

Equipa tu casa para el calor

FACHADAS○ La instalación de aparatos de aire acondicionado, cerramientos o toldos requiere la aprobación de la comunidad de vecinos en distinta medida.

5 Si usted quiere instalar un aparato de aire acondicionado en su casa, necesitará el permiso de todos los vecinos del edificio.

    ▭ a Verdadero

    ▭ b Falso

Texto C

Público

pág. 34

SALUD

EL CONSEJO

Comer junto a los mayores ayuda a evitar su malnutrición

■ Acompañar en la comida a los padres y abuelos es un gesto que trasciende el cariño. Esta práctica evita la malnutrición de los ancianos, los cuales tienden a olvidarse de comer si están solos o suelen adoptar una dieta muy monótona.

6 Comer con los padres y abuelos es un gesto de cariño que favorece su nutrición.

   ☐ a Verdadero

   ☐ b Falso

Texto D

> Recuerde que debe tomar sus medicinas. Por la mañana y por la noche tiene que tomar la pastilla para la tensión: está en el tarro rojo. Por la noche, el antiinflamatorio, que está en el tarro amarillo. Y antes de tomar el desayuno, la comida y la cena, el antibiótico, que está en el tarro verde.

7 La persona que toma esta medicación, tomará seis pastillas al día.

   ☐ a Verdadero

   ☐ b Falso

Texto E

8 La publicidad de esta tarjeta promete un viaje gratis a todos sus clientes.

   ☐ a Verdadero

   ☐ b Falso

↗ Con la Tarjeta ACCES PLATINO
↗ Sin cuota anual
↗ Sin cambiar de banco

Le regalamos un billete de ida y vuelta a uno de nuestros maravillosos destinos.

Texto F

GACETA UNIVERSITARIA   Clasificados

Trabaja para Inditex

Inditex, uno de los mayores grupos textiles del mundo, que cuenta con una plantilla de 60 000 personas y está presente en más de 60 países, busca un becario para cubrir una plaza vacante en el departamento de administración de personal. Los interesados deben contar con el título de Relaciones Laborales, Derecho o similar. Sin embargo, no es necesario contar con experiencia previa.

Más información en *www.inditex.com*

9 Un requisito indispensable para solicitar este puesto es:

☐ a haber trabajado antes en un puesto que requiera conocimientos de Derecho.

☐ b ser en este momento o haber sido becario cubriendo una plaza de características similares.

☐ c estar en posesión de un título relacionado con la administración de personal.

Texto G

Tu Ayuntamiento trabaja para ti

Tu Ayuntamiento, aprovechando la disminución del tráfico durante las próximas vacaciones estivales, va a realizar una serie de obras de acondicionamiento de la calzada en algunas de las vías urbanas más transitadas de nuestra ciudad, lo cual supondrá cerrarlas al tráfico durante las fechas de ejecución de los trabajos. Lamentamos las molestias que puedan causar a los vecinos y transeúntes. Encontrará información detallada sobre las vías afectadas y las fechas en que se realizarán los trabajos en nuestra página web: www.ayuntamiento/obras.es

10 El Ayuntamiento informa de que:

☐ a algunas calles van a estar cerradas al tráfico.

☐ b el tráfico disminuirá en el verano.

☐ c ha creado una página web.

Parte número 3

A continuación encontrará un texto y diez preguntas sobre él. Marque la opción correcta.

DECÁLOGO DE LA DIETA MEDITERRÁNEA

1. Utilice aceite de oliva como grasa. Es un alimento rico en vitamina E, betacarotenos y grasas vegetales monosaturadas. Todo ello lo dota de propiedades cardioprotectoras.

2. Consuma abundantemente productos vegetales: frutas, verduras, legumbres y frutos secos. Se aconseja el consumo de cinco raciones diarias. No tiene que ser necesariamente del mismo, sino entre todos ellos.

3. Coma pan y alimentos derivados de cereales (pasta, arroz), especialmente si son integrales. Estos productos aportan una parte fundamental de la energía que necesitamos para nuestra vida diaria.

4. Opte por los alimentos de temporada (frescos y locales). Tómelos poco procesados, así podrá disfrutar más de todos sus nutrientes, así como de su sabor y aroma.

5. Tome a diario productos lácteos, especialmente yogur y quesos. Son una excelente fuente de proteínas de alto valor biológico, así como de minerales (calcio, fósforo, etc.) y vitaminas.

6. Modere el consumo de carne roja. Tómela preferentemente como parte de guisos con verduras.

7. Prefiera el pescado azul al blanco y tómelo como mínimo dos veces a la semana.

8. Haga de la fruta su postre habitual. También constituye una buena alternativa para picar algo a media mañana o como merienda.

9. Beba agua. El vino tinto, consumido con moderación, también puede tener beneficios para el organismo.

10. Realice alguna actividad física todos los días, siempre adaptada a las características de cada uno y de acuerdo con sus necesidades.

Según este decálogo,

11 la utilización del aceite de oliva:
- a proporciona todo tipo de vitaminas.
- b puede sustituir al resto de alimentos.
- c tiene propiedades que protegen el corazón.

12 todos los días hay que consumir:
- a varias raciones de pan y queso.
- b frutas, verduras y legumbres.
- c una dosis de minerales y de proteínas.

13 la carne roja:
- a debe evitarse totalmente.
- b conviene comerla con verduras.
- c hay que tomar solo ciertas partes.

14 el vino tinto:
- a es beneficioso tomado con agua.
- b modera funciones del organismo.
- c puede ser bueno sin excesos.

15 la fruta:
- a tiene que tomarse cuando esté en su temporada.
- b hay que comerla siempre a media mañana.
- c constituye la mejor manera de terminar una comida.

16 los alimentos derivados de los cereales:
- a deben tomarse todos los días, especialmente el arroz integral.
- b cubren necesidades energéticas fundamentales.
- c nos proporcionan energía solamente si son integrales.

17 el pescado azul:
- a se debe comer al menos un par de días por semana.
- b hay que alternarlo con el blanco cada dos días.
- c hay que tomarlo día sí día no cada semana.

18 los productos lácteos:
- ☐ a proporcionan proteínas.
- ☐ b se complementan con las vitaminas.
- ☐ c contienen minerales biológicos.

19 los alimentos de temporada:
- ☐ a hay que procesarlos para evitar el olor.
- ☐ b siempre deben ser procesados localmente.
- ☐ c serán más nutritivos poco procesados.

20 se recomienda actividad física:
- ☐ a si es posible a diario.
- ☐ b para algunas personas.
- ☐ c como una necesidad.

PRUEBA 2 Producción de textos escritos

Parte número 1

Rellene el siguiente formulario de una compra por catálogo de una tienda de ropa:

Datos personales

Nombre y apellidos_____

Dirección _____

Código postal y ciudad _____

e-mail _____

Teléfono _____

Regalo   sí __ no __

Dirección de entrega (solo si es distinta a la dirección personal) _____

Datos del producto

Referencia _____

Color _____

Talla _____

Forma de pago

Tarjeta __ Contrarreembolso __

N.º tarjeta _____

Caduca _____

Parte número 2

Tiene usted dos opciones. Escoja solamente una.

Opción 1 – Escriba entre 80 y 100 palabras

Usted, por fin, va a viajar al país en el que vive un amigo suyo. Le escribe para decidir cuál es el mejor momento para su viaje. Debe incluir información relevante acerca de usted: su disponibilidad de tiempo, su presupuesto, cómo hará el viaje (solo o con familia, en qué medio de transporte). También le debe pedir recomendaciones sobre el mejor momento para ir: vacaciones, fiestas, clima, su disponibilidad y pedirle sugerencias.

Opción 2 – Escriba entre 80 y 100 palabras

Usted tiene que escribir un correo electrónico para enviar a unas empresas que hacen reformas en las viviendas, porque necesita pintar su casa, arreglar el baño y la cocina y mejorar algunas cosas más. Debe incluir las características de su casa, el tipo de reforma que quiere hacer y preguntar detalles como el precio de las obras, el tiempo necesario para realizarlas, etc., y así podrá comparar las informaciones que le lleguen y elegir la empresa que sea mejor para usted.

PRUEBA 3 Interpretación de textos orales

🎧18 **Parte número 1**

A continuación escuchará diez diálogos breves entre dos personas. La persona que responde lo hace de tres formas distintas, pero, solamente una es adecuada. Oirá cada diálogo dos veces. Después de la segunda audición marque la opción correcta.

1 Hombre: ....

Mujer:

- ☐ a Sí, ya han llegado.
- ☐ b No, ya se han ido.
- ☐ c Incluso han venido.

2 Hombre: ....

Mujer:

- ☐ a Tendremos que esperar hasta mañana.
- ☐ b Pues esperaremos cinco minutos.
- ☐ c No nos importa llegar en el último.

3 Hombre: ....

Mujer:

- ☐ a ¡Cuánta empresa!
- ☐ b ¡Cuánto tiempo!
- ☐ c ¡Qué empresa!

4 Mujer ....

Hombre:

- ☐ a ¡Quién sabe!
- ☐ b ¡Ojalá!
- ☐ c ¡Enhorabuena!

5 Hombre: ....

Mujer:

- ☐ a Pues no trabajes siempre.
- ☐ b Sal de tu casa un poco antes.
- ☐ c Pero no vivas tan cerca.

6 Hombre: ....

Mujer:

- ☐ a Después de las 8.
- ☐ b Antes de despertarme.
- ☐ c Te pongo el despertado antes de las 8.

7 Hombre: ....

Mujer:

- ☐ a A mí, también me encantan los días de fiesta.
- ☐ b Yo, en ningún caso. Me encanta madrugar.
- ☐ c Yo, en cambio, los festivos me levanto muy temprano.

8 Hombre: ....

Mujer:

- ☐ a No lo creo. Ha estado aquí muchas veces.
- ☐ b Si me preocupo, no va a llegar.
- ☐ c No me digas nada más. No se ha perdido.

9 Hombre: ....

Mujer:

- ☐ a Sí, en la primera calle a la izquierda hay una.
- ☐ b Ahora no voy cerca de la farmacia.
- ☐ c No hay ninguna tan lejos de aquí.

10 Mujer 1: ....

Mujer 2:

- ☐ a A mí también me daba asco casi todo.
- ☐ b Yo tampoco he vuelto a comer.
- ☐ c Yo hay cosas que tampoco como.

Parte número 2

A continuación escuchará siete diálogos muy breves. Se hará una pregunta acerca de cada uno de ellos. Escoja una de las tres respuestas que se le proponen. Oirá cada diálogo dos veces. Después de la segunda audición marque la opción correcta.

Texto número 1

11 ¿Qué hará Yolanda con el dinero de la lotería?

a

b

c

Texto número 2

12 ¿Qué postre está tomando el hombre?

a

b

c

Texto número 3

13 ¿Qué prefiere hacer la mujer durante sus vacaciones?

a

b

c

Texto número 4

14 ¿Qué día tiene que trabajar la mujer?

JUEVES
11

☐ a

VIERNES
12

☐ b

SÁBADO
13

☐ c

Texto número 5

15 ¿Qué quiere Lola?

☐ a

☐ b

☐ c

Texto número 6

16 ¿Qué está ofreciendo el hombre?

☐ a

☐ b

☐ c

Texto número 7

17 ¿Dónde vive la mujer?

☐ a

☐ b

☐ c

Parte número 3

🎧 A continuación oirá dos veces un mensaje informativo. Después de la segunda audición marque la opción correcta.

18 Según la grabación, las obras del metro han interrumpido la circulación en los túneles nuevos.

☐ a Verdadero ☐ b Falso

19 La avería solo ha afectado a algunas líneas.

☐ a Verdadero ☐ b Falso

20 La voz anuncia que la avería se reparará antes de una hora.

☐ a Verdadero ☐ b Falso

Parte número 4

🎧 A continuación va a oír dos veces una conversación. Después de la segunda audición marque la opción correcta.

21 La señora ha sabido sobre la existencia del gimnasio porque:

☐ a una amiga suya se lo ha recomendado.
☐ b ha visto los anuncios en el periódico.
☐ c se encuentra cerca de su casa.

22 La empleada proporciona información muy detallada sobre:

☐ a los horarios de las actividades.
☐ b las instalaciones del gimnasio.
☐ c las normas de higiene del centro.

PRUEBA 4 Gramática y vocabulario

Parte número 1

¿Qué está expresando usted con las siguientes frases? Marque la opción correcta.

1 ¡Qué amigo tan inteligente tienes!

Usted...

☐ a quiere saber si su interlocutor tiene algún amigo muy inteligente.
☐ b se asombra de lo inteligente que es el amigo de su interlocutor.
☐ c piensa que su interlocutor es tan inteligente como su amigo.

2 Es que, cuando bajaba por las escaleras, me caí.

Usted...

☐ a dice que mientras estaba en el proceso de bajar por las escaleras, se cayó.
☐ b cuenta que antes solía bajar por las escaleras, pero se cayó y ya no baja.
☐ c informa de que estaba a punto de bajar por las escaleras cuando se cayó.

3 ¿Así que Marta no está en clase? Pues estará en la biblioteca estudiando.

Usted...

- ☐ a dice que Marta no está en clase porque tiene que estudiar en la biblioteca.
- ☐ b piensa que si Marta no está en clase es probable que esté en le biblioteca.
- ☐ c sabe que Marta no estará en clase: seguro que irá a estudiar a la biblioteca.

4 Los fines de semana, Sara está de telefonista en el hospital donde hace sus prácticas de cuarto curso de Medicina.

Usted...

- ☐ a informa de que los fines de semana puede llamar a Sara por teléfono al hospital donde hace sus prácticas.
- ☐ b cuenta que Sara está en prácticas de cuarto curso de Medicina los fines de semana.
- ☐ c dice que, aunque estudia Medicina, Sara trabaja de telefonista los fines de semana.

5 Te llamaré en cuanto los de la agencia de viajes me digan algo.

Usted...

- ☐ a espera que los de la agencia de viajes llamen.
- ☐ b duda de que llamen los de la agencia de viajes
- ☐ c sabe cuándo llamarán los de la agencia de viajes

Parte número 2

A la izquierda tiene diez frases. En cada frase hay en negrita una o dos palabras que no son adecuadas. Sustitúyalas por alguna de las palabras de la lista que aparece en el cuadro de la derecha.

6 No pude salir **como** llovía mucho.	a míos
7 En esta fiesta no conozco a **ninguno**.	b pero
8 Ayer llegó por fin **un** otro paquete que faltaba.	c dar
9 Es un bebé muy tranquilo: **es** durmiendo todo el día.	d capítulos
10 Unos amigos **de mí** han estado allí y lo han visto.	e porque
11 El niño no le quiso **hacer** un beso a su abuela.	f por
12 Tengo que aprender **para** memoria los verbos irregulares.	g el
13 El profesor quiere que leamos los cuatro primeros **episodios** del libro de gramática.	h de
14 Yendo tan rápido vas a **tomar** un accidente.	i o sea que
15 No tengo hambre, **por eso** que no cenaré.	j nadie
	k series
	l tener
	m tiene
	n está
	ñ ninguna

Parte número 3

Complete los huecos del siguiente texto con una de las opciones que se le proponen.

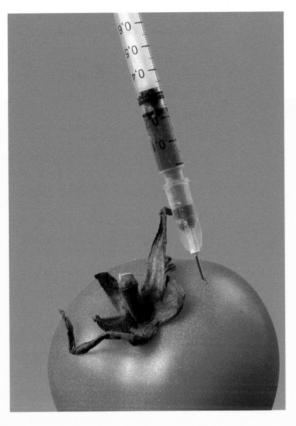

El granero transgénico de occidente

María García de la Fuente – Madrid

Las polémicas plantaciones de transgénicos siguen aumentado y lo hacen especialmente en los países en vías de desarrollo. El año pasado se 16............ 114 millones de hectáreas con semillas 17.......... genéticamente y un 43% de esta 18............ estaba en esos países. Y es que, los cultivos biotecnológicos han crecido 19........... en los últimos 20......... en los países emergentes que en los industrializados. El 21.......... en los primeros fue del 21%, 22............. que en los segundos fue del 6% según los 23........... datos del Servicio Internacional para la Adquisición de Aplicaciones Agrobiotecnológicas (ISAAA en inglés).

(...)

En todo el mundo se cultivan cada año 24............ 1 500 millones de hectáreas y, 25............ las semillas transgénicas solo afectan al 8% de estos 26............, el sector biotecnológico destaca que «más 27..........

la mitad de los habitantes del 28............... vive en los 23 países que sí cultivan 29.......... modificados». Además de estos 23, otros 29 países han autorizado la importación, entre 30........... se encuentran Japón, Corea del Sur y Nueva Zelanda.

Público (adaptado)

16	a sembraran	b sembrados	c sembraron
17	a modificantes	b modificadas	c modificadoras
18	a superficie	b superficial	c superficialidad
19	a más	b menos	c igual
20	a siglos	b épocas	c años
21	a crecimiento	b crecido	c crecer
22	a mientras	b cuando	c tanto
23	a próximos	b corrientes	c últimos
24	a algunos	b unos	c cualquier
25	a aunque	b pero	c a pesar de
26	a cultivados	b cultivos	c cultivables
27	a que	b como	c de
28	a planeta	b tierra	c superficie
29	a organismos	b organizaciones	c orgánicos
30	a los	b aquellos	c ellos

PRUEBA 5 Expresión e interacción orales

Parte número 1 (1-2 minutos aprox.)

Le harán preguntas sencillas relacionadas con su familia, trabajo o estudios y actividades habituales.

Ejemplos:

> *¿Tiene hermanos?*
> *¿Cuál es su profesión? ¿Qué estudia?*
> *¿Cómo es su día de trabajo?*
> *¿Cómo pasa su tiempo libre?*

Parte número 2 (1-2 minutos aprox.)

Tendrá que dar muestras de lengua en una situación concreta, que simulará una situación de uso de la lengua en un contexto supuestamente real.

Dispondrá de un lapso de tiempo para preparar su actuación.

Ejemplo de situación:

> *Tiene dolor de muelas y necesita que lo vea un dentista. Le han dado un número de uno muy bueno. Cuando llama, hay un contestador: tendrá que explicar lo que le pasa, mostrar que es urgente, pedir hora para lo antes posible, dejar su número de teléfono para que lo llamen y le confirmen la cita.*

Parte número 3 (2-3 minutos aprox.)

Expresión oral con ayuda de soporte gráfico: básicamente descripción y narración. Dispondrá de un tiempo para preparar su actuación.

Cuente lo que le pasó a la persona de las viñetas. Están en orden cronológico de izquierda a derecha.

Parte número 4 (3 minutos aprox.)

Tendrá que charlar con el examinador a partir del soporte gráfico de la parte 3 y contarle una anécdota sobre alguno de sus viajes.

Examen 3

Parte número 1

A continuación, encontrará un texto y tres preguntas sobre él. Marque la opción correcta.

Texto informativo

ABC   ESPECTÁCULOS   pág. 80

Miró pone los pies en la tierra

El Museo Thyssen nos ofrece una mirada inédita a la obra de este artista con el hilo conductor de la tierra.

Por Natividad Pulido
Fotos: Ignacio Gil

MADRID. En 1993 el Museo Reina Sofía celebró una gran retrospectiva del artista, «Miró, campo de estrellas», que recorría toda su producción a través de una única clave de lectura, sus célebres «Constelaciones». Es el Miró más fecundo y fértil, el Miró etéreo y celeste, el Miró de la noche, el Miró de las estrellas y los pájaros, el Miró de los grandes trípticos vacíos... El Miró más aplaudido y conocido, en suma. Quince años después, el Museo Thyssen dedica al artista catalán otra gran retrospectiva, pero en este caso el punto de vista no es complementario sino contrario.

Ahora, el Miró de la tierra es el protagonista absoluto de esta estupenda exposición, que permanecerá abierta hasta el 14 de septiembre. Las salas del Museo Thyssen nos ofrecen un recorrido inédito por la obra de Miró a través de setenta piezas: dibujos, pinturas, esculturas, cerámicas... Hay en esta retrospectiva un completísimo muestrario de la infinidad de técnicas y materiales que empleó este prolífico artista: lápiz, cera, óleo, pastel, carbón, bronce, granito, terracota, lana... ¿Quién dijo que es un artista naif, infantil, ingenuo?

«Faltaba por mostrar al público ese otro Miró que en las últimas décadas se ha visto relegado por historiadores y críticos –advierte Tomás Llorens, organizador de la exposición–; ha habido demasiados clichés y era preciso leer de otro modo la obra de Miró».

(fragmento con algunas modificaciones)

1 Según la noticia, sabemos que esta exposición de Miró:

    ☐ a durará hasta finales de septiembre.

    ☐ b se puede visitar en el Museo Thyssen.

    ☐ c es una continuación de la de 1993.

2 La noticia nos informa de que en esta retrospectiva de Madrid:

    ☐ a el tema principal es completamente diferente del de la anterior.

    ☐ b se descubre un aspecto inédito del Miró más ingenuo e infantil.

    ☐ c la presencia de la noche refleja una visión artística etérea.

3 En esta exposición, se exhiben:

    ☐ a setenta cuadros.

    ☐ b diversas obras.

    ☐ c grandes trípticos.

Parte número 2

A continuación, le presentamos una serie de textos breves con información de tipo instrumental, anuncios, instrucciones, avisos, notas. Conteste a las preguntas y marque la opción correcta.

Texto A

4 Según el anuncio, la agricultura ecológica va a mejorar excepcionalmente la calidad del medio ambiente.

    ☐ a Verdadero

    ☐ b Falso

Ecolina informa

La agricultura ecológica nos ayuda a conservar nuestro entorno natural y tomar conciencia sobre el cuidado del medio ambiente. Además pone a nuestro alcance una gran variedad de productos de una excepcional calidad.

Texto B

5 Según la nota de Ramón, hay que regar todas las plantas a diario para evitar que se sequen.

    ☐ a Verdadero

    ☐ b Falso

Por favor, no te olvides de regar las plantas. Las que están en la ventana del salón, todos los días porque hace mucho calor, pero las que están dentro solo cuando veas que empiezan a estar secas.
Gracias,

Ramón

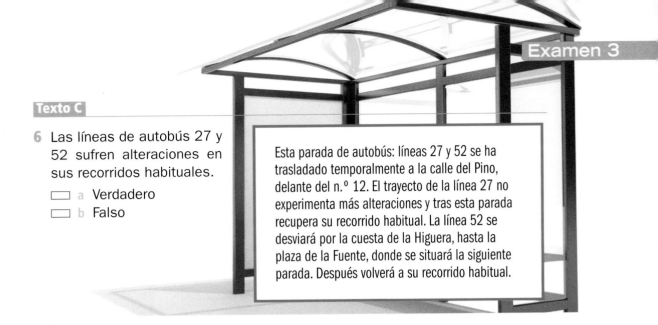

Texto C

6 Las líneas de autobús 27 y 52 sufren alteraciones en sus recorridos habituales.

 ☐ a Verdadero
 ☐ b Falso

Esta parada de autobús: líneas 27 y 52 se ha trasladado temporalmente a la calle del Pino, delante del n.º 12. El trayecto de la línea 27 no experimenta más alteraciones y tras esta parada recupera su recorrido habitual. La línea 52 se desviará por la cuesta de la Higuera, hasta la plaza de la Fuente, donde se situará la siguiente parada. Después volverá a su recorrido habitual.

Texto D

Visita a Modigliani gratis

Solo durante esta mañana y en visita guiada (una a las 10h y otra a las 11h) se puede visitar ¡gratis! la exposición *Modigliani y su tiempo* en el Círculo de Bellas Artes. Plazas por grupo: 20. Obligatorio reserva previa en el 91 391 10 02.

**Modigliani
y su tiempo**
CÍRCULO DE BELLAS ARTES
Entrada gratuita
4 de julio de 2013 - 10 horas

7 Se puede acceder gratuitamente a la exposición de Modigliani solo si se visita hoy a las 10h de la mañana.

 ☐ a Verdadero
 ☐ b Falso

Texto E

8 Según el aviso, el agua de este lugar no se debe usar para el consumo humano.

 ☐ a Verdadero
 ☐ b Falso

**Agua
no potable.**
Absténgase de beberla, lavarse los dientes con ella, lavar
¡PELIGRO!
frutas o verduras o utilizarla para cocinar sus productos. Tampoco se recomienda su consumo aunque se hierva.

Texto F

Aquí te dejo la licuadora. He perdido el folleto con las instrucciones, pero te escribo cómo lo hago yo:

* Puedes licuar cualquier tipo de fruta, bueno, plátanos, naranjas, limones y similares, no. Y también zanahorias y cosas así.

* La fruta como las manzanas no es necesario pelarla, pero si la vas a usar con piel, pues conviene que la laves. Y si vas a usar sandía o melón, que tienen una piel muy gorda, también las tienes que quitar. Yo también pelo las zanahorias, por ejemplo.

* Una vez que hayas decidido la fruta (o lo que sea) que quieres licuar, córtala en trozos medianos, introdúcela en la parte superior y empújala con la tapa de plástico. Verás que empieza a salir el jugo inmediatamente. No te olvides de poner un vaso o una jarra debajo de la parte por donde sale el licuado.

* Una cosa muy importante: limpia y lava la licuadora inmediatamente para que no se queden restos pegados.

9 La licuadora permite usar:

☐ a todo tipo de frutas y verduras sin hojas si están bien lavadas.

☐ b casi todas las frutas y algunas verduras previamente troceadas.

☐ c una selección de frutas y verduras que admitan ser peladas.

Texto G

Marta:

Esta noche no me esperes a cenar. Acaban de llamarme para una reunión urgente. He intentado localizarte en el móvil, pero lo tienes apagado. No me llames tú a mí si llegas después de las 20:30 porque es cuando entraré en la reunión y voy a apagar mi teléfono. Si veo que puedo salir en algún momento, te llamaré para informarte de cómo va la cosa. A ver si sé a qué hora podré llegar a casa, aunque me temo que el asunto será grave, si nos han convocado con tanta prisa y a estas horas. ¡Ojalá no se alargue demasiado!

Un beso,

Santi

10 Según la nota que Santi ha dejado a Marta:

☐ a le pide que ella lo llame por teléfono en cuanto llegue a casa.

☐ b le informa de que la llamará si la reunión se alarga demasiado.

☐ c le dice que la va a llamar si ve la oportunidad de hacerlo.

Parte número 3

A continuación encontrará un texto y diez preguntas sobre él. Marque la opción correcta.

Cómo hacer la maleta

La maleta no debe llenarse mucho: la ropa se arrugará menos así. Tampoco es conveniente llevarla vacía.

Antes de empezar a hacer la maleta, coloque todo lo que quiera llevar encima de la cama para tener una idea de conjunto, ya verá cómo descubre que le sobra la mitad.

Abotone todo y suba las cremalleras antes de meterlo en la maleta, póngalo hacia abajo, pues así se arrugan menos las cosas. Los pantalones se deben doblar en tres partes, quedando el primer pliegue por debajo de la rodilla a unos 15 cm y el segundo por encima de la misma.

Al preparar el neceser, no llene los botes más de ¾ y recubra su apertura con cinta aislante. Tampoco está de más que proteja su ropa metiendo su neceser en una bolsa de plástico.

LA MALETA PASO A PASO

1. Meta primero las cosas pesadas, como zapatos y libros. Rellene los huecos con calcetines, ropa interior, etc.
2. Después ponga las prendas pesadas y los trajes, doblándolos según el espacio disponible. Mantenga las capas lo más lisas posible.
3. A continuación, ponga los vestidos finos, camisas y blusas. Tápelos con una tela o papel fino, y asegúrese de que todo está bien empaquetado y que no se moverá.

Las bolsas de viaje no necesitan un empaquetado tan elaborado, pero hay que aplicar los mismos principios: rellenar los huecos, las cosas pesadas al fondo, las ligeras y lo que se necesite esa noche en la parte superior.

También le conviene recordar que si va a viajar en avión y va a llevar equipaje de mano, actualmente está en vigor una legislación que le impide llevar líquidos excepto en pequeñas cantidades (compruebe lo que estipula la ley al respecto), así como ciertos instrumentos punzantes como tijeras, cortadores o pinzas.

El equipaje de mano para llevar en cabina tampoco puede sobrepasar ciertas dimensiones ni exceder de un determinado peso. En cualquiera de nuestras tiendas encontrará maletas y bolsas del tamaño permitido para el equipaje de cabina. Busque la etiqueta «Apto para cabina» o consulte con nuestro personal.

No deje de ver nuestras maletas Resix, de gama alta. Están fabricadas con un material resistente a los golpes y al fuego. Llevan cuatro ruedas y mango telescópico y están dotadas de cerraduras de alta seguridad con clave. Existen en gris marengo, azul turquesa y rojo guinda. Y se las garantizamos para cinco años. Para los más jóvenes tenemos la línea «aventurero»: una colección de bolsas con ruedas y mochilas, realizadas en un material muy ligero pero muy resistente que repele las manchas, con una gran capacidad y un precio excepcional, vienen en colores tierra.

Y para todos nuestros clientes siempre tenemos un regalo sorpresa.

Recuerde: ¡Un buen viaje empieza con un buen equipaje!

Según el texto,

11 la ropa…

☐ a llegará con menos arrugas si la maleta va vacía.

☐ b debe ir en una maleta que no esté muy llena.

☐ c se arrugará menos si llenamos la maleta.

12 si se coloca todo lo que queremos llevar encima de la cama…

☐ a descubriremos cómo organizar el conjunto total.

☐ b nos daremos cuenta de que tenemos que abotornarlo todo.

☐ c notaremos que hemos seleccionado ropa de sobra.

13 antes de meter las cosas en la maleta…

☐ a hay que evitar pliegues por debajo de la rodilla de los pantalones.

☐ b conviene poner los pantalones por encima del resto de la ropa.

☐ c si los pantalones tienen cremalleras se recomienda subirlas.

14 conviene que…

☐ a se asegure de que los contenidos del neceser no manchen.

☐ b se deje sin llenar completamente el envase de líquidos.

☐ c se meta la ropa en bolsas de plástico protectoras.

15 al hacer la maleta…

☐ a lo primero que debemos guardar es la ropa más pesada.

☐ b hay que doblar bien los calcetines para rellenar los huecos.

☐ c conviene envolver las prendas más delicadas.

16 las bolsas de viaje…

☐ a hay que hacerlas siguiendo los mismos pasos que para las maletas.

☐ b no deben cargarse con cosas excesivamente pesadas.

☐ c solo se deben preferir para viajes cortos como de una noche.

17 si se lleva equipaje de mano en el avión…

☐ a asegúrese de que el tamaño sea el permitido.

☐ b compruebe qué líquidos puede incluir.

☐ c no se preocupe por el peso del mismo.

18 en las tiendas de esta firma…

☐ a los vendedores saben las normas acerca del equipaje de mano.

☐ b todas las maletas para equipaje de mano van etiquetadas.

☐ c hay una selección de bolsas para llevar el equipaje de mano.

19 a los viajeros jóvenes se les proponen…

☐ a maletas con ruedas a precios excepcionales.

☐ b mochilas que pesan poco y son muy fuertes.

☐ c bolsas de colores variados muy vivos.

20 la gama Resix…

☐ a puede garantizar que sus productos son resistentes.

☐ b regala una cerradura de alta seguridad con cada maleta.

☐ c consta de bolsas y maletas de muchos colores.

PRUEBA 2 | Producción de textos escritos

Parte número 1

Rellene el siguiente formulario para una encuesta que está realizando una compañía aérea.

Formulario

Nombre:

Profesión:

Edad:

Lugar de residencia:

¿Para qué tipo de desplazamientos usa el avión?

¿Con qué frecuencia viaja en avión?

¿En qué época del año suele viajar?

¿Suele viajar solo o acompañado?

¿Qué tarifa usa para sus desplazamientos?

¿Condiciona sus viajes a la existencia de ofertas?

Parte número 2

Tiene usted dos opciones. Escoja solamente una.

Opción 1 – Escriba entre 80 y 100 palabras

Usted escribe una carta al director de una publicación (periódico, revista semanal) para quejarse de algún problema o problemas en su barrio. Tiene que describir el problema (o problemas), quejarse de ellos y proponer algún tipo de solución. Puede añadir otros datos que considere relevantes.

Opción 2 – Escriba entre 80 y 100 palabras

Usted tiene que escribir un correo electrónico a la Oficina de Turismo de un país hispanohablante que desea visitar, pidiendo una serie de datos necesarios para preparar su viaje.

PRUEBA 3 | Interpretación de textos orales

Parte número 1

A continuación escuchará diez diálogos breves entre dos personas. La persona que responde lo hace de tres formas distintas, pero, solamente una es adecuada. Oirá cada diálogo dos veces. Después de la segunda audición marque la opción correcta.

1 Hombre: ....
Mujer:

- a Mañana por la noche no puedo.
- b Si estuviera libre esta noche...
- c Me encanta la música moderna.

2 Hombre: ....
Mujer:

- a Todo el mundo celebra su cumpleaños.
- b Mi hermana tiene cinco hijos.
- c Espero que me inviten.

3 Hombre: ....
Mujer:

- a Ya está enferma.
- b Ya la he llamado.
- c Llámame mañana.

4 Hombre: ....
Mujer:

- a Podrían haber tirado todo eso a la basura.
- b Deberían haber limpiado la nevera.
- c Tendrían que haber organizado una fiesta.

5 Hombre: ....
Mujer:

- a Había estado en otros lugares.
- b Ha ido a dar una vuelta.
- c Habrá sido algo extraño.

6 Hombre: ....
Mujer:

- a Un momento, voy a ponérselo.
- b No está. ¿Quiere dejar un recado?
- c No puedo. ¿De parte de quién?

7 Hombre: ....
Mujer:

- a Pues, busca un mapa.
- b Pues, busca una dirección.
- c Pues, cómprate un buen plano.

8 Hombre: ....
Mujer:

- a Pues yo estuve la semana pasada.
- b Yo también.
- c También visité un museo desconocido.

9 Hombre: ....
Mujer:

- a No habrá vuelto de la luna de miel.
- b Saldrá pronto a comprar una tarta.
- c Será muy feliz.

10 Hombre: ....
Mujer:

- a A mí también me divierte.
- b Yo tampoco lo aguanto.
- c Es verdad que es feo.

Parte número 2

A continuación escuchará siete diálogos muy breves. Se hará una pregunta acerca de cada uno de ellos. Escoja una de las tres respuestas que se le proponen. Oirá cada diálogo dos veces. Después de la segunda audición marque la opción correcta.

Texto número 1

11 ¿Qué transporte recomienda el hombre?

☐ a

☐ b

☐ c

Texto número 2

12 ¿Qué compró finalmente?

☐ a

☐ b

☐ c

Texto número 3

13 ¿Qué se rompió la persona que se cayó?

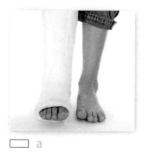
☐ a

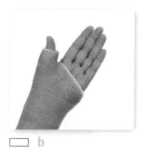
☐ b

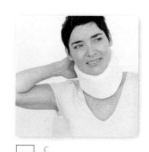
☐ c

Texto número 4

14 ¿Cómo reacciona la persona de la que habla el hombre?

□ a

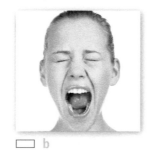

□ b

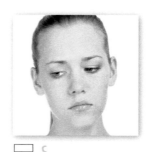

□ c

Texto número 5

15 ¿Qué anima a estas personas?

□ a

□ b

□ c

Texto número 6

16 ¿Cómo trataba el dolor de estómago la abuela de la mujer?

□ a

□ b

□ c

Texto número 7

17 Según la mujer, ¿cómo se suelen saludar las personas que se conocen?

□ a

□ b

□ c

Parte número 3

🎧(24) A continuación oirá una información. La oirá dos veces. Después de la segunda audición marque la opción correcta.

18 Según la persona que habla, en una dieta saludable todos los días se deben tomar garbanzos, lentejas o frijoles.

☐ a Verdadero ☐ b Falso

19 Según la persona que habla, es mejor para el organismo tomar las verduras siempre crudas.

☐ a Verdadero ☐ b Falso

20 Según la persona que habla, en una buena alimentación estarán presentes las grasas.

☐ a Verdadero ☐ b Falso

Parte número 4

🎧(25) A continuación va a oír dos veces una conversación. Después de la segunda audición marque la opción correcta.

21 El señor que ha encargado sus libros por internet está quejándose porque:

☐ a le han cobrado una cantidad superior a la especificada en el formulario.
☐ b durante dos semanas le han estado llamando por teléfono de la librería.
☐ c no le han llegado los libros solicitados en la fecha indicada en la petición.

22 La confusión se ha producido porque:

☐ a no se indicó el número de referencia correctamente.
☐ b las dos llamadas se hicieron simultáneamente.
☐ c los números de las tarjetas de crédito son semejantes.

PRUEBA 4 Gramática y vocabulario

Parte número 1

¿Qué está expresando usted con las siguientes frases? Marque la opción correcta.

1 ¡Cómo me gusta el flan que hace tu abuela!

Usted quiere...

☐ a averiguar cómo se hace el flan de la abuela.
☐ b saber si le gusta el flan que hace la abuela.
☐ c expresar su gusto por el flan de la abuela.

2 De joven tenía muchos amigos, ahora paso tanto tiempo en el trabajo que...

Usted quiere...

☐ a informa de que solía tener más amigos en su juventud.
☐ b cuenta que sus amigos de ahora son los del trabajo.
☐ c dice que tiene amigos jóvenes con los que trabaja.

3 Claudio por lo menos tendrá 63 o 64 años, aunque, en efecto, parece mucho más joven.

Usted...

☐ a piensa que Claudio no aparenta la edad que tiene.

☐ b está seguro de cuántos años tiene Claudio ahora.

☐ c cree que Claudio va a cumplir años, pero no recuerda cuántos.

4 Esperaré hasta que me llame por teléfono.

Usted...

☐ a está a la espera de una llamada telefónica.

☐ b tiene que esperar para llamar por teléfono.

☐ c llamará por teléfono sin tener que esperar.

5 Estoy muy cansado: o sea, que no voy a salir esta noche.

Usted dice que...

☐ a está cansado de salir.

☐ b no saldrá hasta que anochezca.

☐ c se va a quedar en casa.

Parte número 2

A la izquierda tiene diez frases. En cada frase hay en letra negrita una o dos palabras que no son adecuadas. Sustitúyalas por alguna de las palabras de la lista que aparece en el cuadro de la derecha.

6 Iré al parque, **a pesar de** llueva y haga frío.

7 Están muy cansados: trabajaron más **que** doce horas.

8 De pequeña, **habrían** helados todos los días.

9 Les encanta pasear **en** la playa.

10 No sé **que** podré ir mañana.

11 ¡**Tan** frío hace aquí!

12 Tengo un amigo **quien** habla ocho idiomas.

13 Les prometo a ustedes que **tuvieran** una gran fiesta al final del curso.

14 ¿Te apetece una **pastilla** de este jamón tan bueno?

15 El chico ya es tan alto **tanto** el padre.

a	como
b	si
c	a
d	de
e	qué
f	trozo
g	pero
h	por
i	aunque
j	loncha
k	que
l	tenía
m	tomaba
n	habrá
ñ	vendrán

Parte número 3

Complete los huecos del siguiente texto con una de las opciones que se le proponen.

Engañar al seguro del coche no resulta tan fácil

En España, el 80 % de los intentos de timar a las aseguradoras se produce en el sector del automóvil.

A pesar de que las compañías aseguradoras se enorgullecen al decir que más del 90 % de sus clientes está contento con el seguro de su automóvil, muchos 16............ españoles tienen la impresión de que pagan tarifas 17.......... superiores a los servicios que reciben. Por 18............ razón, muchos españoles optan por inflar los partes de accidente. Solo 19........... el año pasado se detectaron en todo el país 20......... 42 000 expedientes sospechosos de intento de fraude, 21............ datos proporcionados por la Investigación Cooperativa de Entidades Aseguradoras y Fondos de Pensiones. Finalmente el 70 % de estas peticiones no 22............ abonado por las compañías al ser consideradas ilegítimas las 23.............

(...)

Los fraudes más detectados son la ocultación de 24............ o lesiones preexistentes y los siniestros simulados. 25............ cierto es que la picaresca no tiene límites 26............ vergüenza. Entre los casos más curiosos, 27........... los llamados fraudes en la suscripción, es decir, 28............... de cobrar una indemnización de un siniestro habiendo contratado el seguro 29.......... de haber tenido el accidente.

También se han registrado casos en 30........... que el asegurado ha comprado un vehículo idéntico al suyo en un desguace para cambiar las matrículas y cobrar la indemnización por siniestro total.

16	a conducentes	b conductores	c conducidos
17	a más	b muy	c tanto
18	a esta	b una	c la
19	a por	b a	c en
20	a apenas	b todavía	c casi
21	a según	b acorde	c conforma
22	a hubo	b fue	c estuvo
23	a reclamadas	b reclamos	c reclamaciones
24	a daños	b dañinos	c dañados
25	a El	b Lo	c Un
26	a ni	b no	c aún
27	a sobresalientes	b sobresaliendo	c sobresalen
28	a intentar	b tratar	c probar
29	a desde	b después	c entonces
30	a los	b unos	c aquellos

PRUEBA 5 Expresión e interacción orales

Parte número 1 (1-2 minutos aprox.)

Le harán preguntas sencillas relacionadas con su familia, trabajo o estudios y actividades habituales.

Ejemplos:

¿Cómo se llaman sus padres? ¿De dónde es su familia?

¿Cómo es su día de trabajo? ¿Qué suele hacer en su tiempo libre?

Parte número 2 (1-2 minutos aprox.)

Tendrá que dar muestras de lengua en una situación concreta, que simulará una situación de uso de la lengua en un contexto supuestamente real.

Dispondrá de un tiempo para preparar su actuación.

Ejemplo de situación:

Llama a su amigo Juan Pablo para darle su dirección y explicarle cómo ir a su casa desde la parada del metro. Su teléfono no responde y le deja un recado en el contestador.

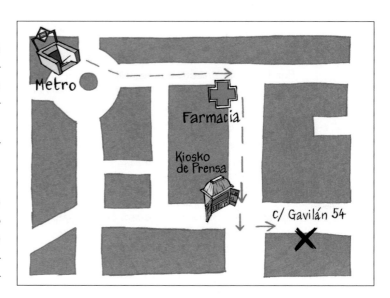

Parte número 3 (2-3 minutos aprox.)

Expresión oral con ayuda de soporte gráfico: básicamente descripción y narración. Dispondrá de un lapso de tiempo para preparar su actuación.

Por ejemplo:

Cuente lo que le pasó a la persona de las viñetas. Están en orden cronológico de izquierda a derecha.

Parte número 4 (3 minutos aprox.)

Tendrá que charlar con el examinador a partir del soporte gráfico de la parte 3 y contarle alguna anécdota que le haya ocurrido a usted en un bar o en un restaurante.

Transcripciones

UNIDAD 1

PISTA 1

MUJER: La Comisión Nacional para la Racionalización de Horarios ha elaborado un decálogo para lograr una buena gestión del tiempo en el trabajo. Veamos algunos de los puntos más importantes.

Separar lo personal de lo laboral. Lograr la conciliación entre la vida laboral y la personal es el primer objetivo. Para conseguirlo, intenta seguir la regla de los 3 ochos: 8 horas de trabajo, 8 horas de tiempo libre y 8 horas de descanso.

Priorizar. No todo es igual de urgente, así que organiza tu tiempo en función de ello y no devalúes el sentido de la palabra 'urgente'.

Decir 'no'. Aprender a rechazar ciertos encargos te ayudará a evitar tareas que no te corresponden.

Respetar los tiempos. Si te has comprometido a no extenderte más allá de un tiempo en una tarea, debes intentar cumplirlo y pedir a los demás que lo hagan también.

Puntualidad. Es una señal de respeto hacia los demás. Si respetas los horarios de tus citas o de comienzo de jornada, estarás más legitimado para salir puntualmente a la hora.

Combatir el presentismo. En la Comisión Nacional para la Racionalización de Horarios tienen claro que es un punto clave de este decálogo. Y añaden: «Las empresas cada vez evalúan más a sus trabajadores conforme a sus resultados. Pasar 12 horas al día en la oficina no nos ayudará a ser más valorados en el trabajo, ni a ser más productivos, ni tampoco más eficaces».

PISTA 2

MUJER: Organización internacional para la zona de Madrid necesita: Señoras a partir de 40 años.

HOMBRE: Buscamos señoras con: un buen nivel cultural, capacidad de comunicación, facilidad para las relaciones públicas y experiencia en ventas.

Ofrecemos:

Trabajo por las mañanas, formación a cargo de la organización, un buen ambiente de trabajo y una interesante remuneración.

Para concertar una entrevista, las interesadas pueden llamar los días 31 de marzo, 1 y 2 de abril de 9 a 2 y de 4 a 6 al teléfono: 91 743 19 75.

¡Tú eres la candidata perfecta! ¡Llámanos!

PISTA 3

MUJER: Grupo multinacional español de comunicación, selecciona para su división de ventas a 3 asesores comerciales para la zona de Madrid.

HOMBRE: Sus funciones serán: Concertar y mantener entrevistas con personas que han manifestado un interés previo en nuestros productos.

El perfil que estamos buscando es: personas con carácter marcadamente comercial, capacidad de trabajo, autonomía y organización. Tienen que estar dispuestas a trabajar por objetivos. Deben tener disponibilidad plena e inmediata y vehículo propio.

Ofrecemos: un trabajo estable durante todo el año. Formación continua a cargo de la empresa, unos ingresos elevados en función de las ventas. Y, sobre todo, formar parte de un gran equipo de profesionales en una empresa con proyección de futuro.

MUJER: Para concertar una entrevista personal, todas las personas interesadas pueden llamar el lunes 3 y el martes 4 al teléfono 91 838 84 30.

UNIDAD 2

PISTA 4

HOMBRE: La cadena de cines Verdi ha decidido reponer durante el verano algunas de las obras más representativas de grandes directores como Francis Ford Coppola, Sergio Leone, Roman Polanski, Charles Chaplin, Ingmar Bergman, Ernst Lubitsch, Stanley Donen y François Truffaut. Todas las películas se proyectarán en copias restauradas y en versión original. Esta iniciativa, llamada *Un verano de cine con los grandes maestros*, nació como una manera de optimizar los cines durante el periodo estival, ya que en esta época hay menos estrenos.

MUJER: Los hombres disfrutan de casi dos horas más de tiempo de ocio en casa que las mujeres (9 horas 23 minutos y 7 horas 34 minutos respectivamente) porque las mujeres dedican más tiempo a las tareas domésticas. Curiosamente, ambos sexos coinciden casi por completo en el tiempo que le dedican a la cocina, ya que ellos se pasan una media de 2 horas y 2 minutos los fines de semana y ellas tan solo 3 minutos más, pero la mayoría de las veces los hombres lo hacen por afición, mientras que para las mujeres es obligación. A la hora de dedicarle más tiempo a las labores del hogar, más de la mitad de los hombres madrileños (el 53 %) cree que deberían hacer más cosas en casa, mientras que el 54 % de las mujeres no piensa dedicarle más tiempo. Los más mayores (entre los 46 y los 65 años) son quienes más cocinan (3 horas y 20 minutos) y los que más lavan y planchan la ropa (1 hora y 59 minutos).

HOMBRE: Es en la Inglaterra victoriana cuando el concepto de ocio y tiempo libre, comienza a popularizarse y a no ser patrimonio de las clases altas. Concretamente de 1870 a 1890, la incorporación de nuevas maquinarias y las luchas de los sindicatos recién creados van a dar lugar a una paulatina reducción de las horas de trabajo hasta conseguir que sábado y domingo sean días no laborables. Asimismo en esta década se produce la mejora de los medios de transporte, más asequibles y modernizados, que van a permitir el desplazamiento de los trabajadores de las ciudades en sus días libres. Empiezan a surgir las primeras ofertas de viajes de vacaciones a las costas, algo que se irá extendiendo en los demás países industrializados de Europa y América.

UNIDAD 3

PISTA 5

HOMBRE: Como saben quienes nos escuchan en el Canal Internacional, esta semana estamos de fiesta, bueno, quiero decir que nuestro tema es: ¡cuéntenos usted una fiesta!

Hoy, nos encontramos en el Instituto García Lorca y tenemos a tres alumnas: Marta, Patricia y Laura, que nos van a hablar de una fiesta.

A ver Marta, ¿qué fiesta has elegido?

MARTA: Pues aquí en España, el día 6 de enero es fiesta, y es una fiesta muy importante: es el día de los Reyes Magos. Los Reyes Magos son: Melchor, Gaspar y Baltasar, y son los que traen los regalos a los niños. Pasan por todas las casas la madrugada del día 6 y a los niños que han sido buenos pues les dejan las cosas que han pedido.

HOMBRE: Pero antes tienen que escribirles una carta, ¿no?

MARTA: Sí, claro. Tienen que escribir una carta en la que les cuentan lo buenos que han sido y les piden los regalos que quieren ese año. ¡Ah! Y otra cosa, la víspera, el día 5, en todas las ciudades hay una cabalgata con los Reyes, sus pajes y todos los regalos. Y, bueno, cuando yo era pequeña me encantaba ir y ver pasar la cabalgata porque la verdad es que hay muchas carrozas y solían repartir caramelos también, bueno, y los siguen repartiendo. Era la noche más bonita del año.

HOMBRE: Sí, yo también la recuerdo como la mejor noche. Y, tú, Patricia, ¿de qué fiesta nos quieres hablar?

PATRICIA: Pues, en mi país la fiesta más importante para las chavas es la de quinceañera. Como su nombre lo indica es la fiesta en la que se celebran los quince años. Si la chava y su familia son católicos, lo primero que hacen es ir a la misa de Acción de Gracias; luego, se hace una superfiesta con un banquete y un montón de invitados. La gente que tiene dinero invita a la familia a un restaurante carísimo. Y luego está el baile. El primero es un vals que la chava baila con su papá, y luego se baila de todo. La gente que no tiene dinero se gasta el que no tiene con tal de complacer a la chava. Algo muy importante para la quinceañera es el vestido: es casi un vestido de novia. La quinceañera por una noche se convierte en una princesa.

HOMBRE: Gracias, Patricia. ¿Y cuál es la tuya, Laura?

LAURA: A mí, la verdad lo que más me gusta de las fiestas es que sean días festivos. Y, entonces claro, pues no tengo que ir al cole. No es que no me guste ir al colegio, no. Sí que me gusta y hasta tengo buenas notas y todo. Vale, vale, ya hablo de una fiesta. Yo creo que de las fiestas que yo conozco, la que más me gusta es la Feria: sí, la Feria. Voy todos los años. Bueno, este no sé si podré porque ahora vivo aquí. Ojalá que pueda porque me lo paso bomba: me visto de flamenca, monto a caballo, bailo sevillanas, ¡las bailo muy bien! ¿Sabes?

HOMBRE: ¿Me estás hablando de la feria de tu pueblo?

LAURA: ¡Qué! ¿Que tú no sabes de qué Feria estoy hablando? Pero tú me estás tomando el pelo. ¡Cómo alguien no puede saber qué es la Feria!

UNIDAD 4

PISTA 6

MUJER: Al frente de su restaurante cerca de Madrid, este afamado cocinero fue de los primeros que se interesaron en recuperar el sabor de frutas y verduras a partir de su ADN.

¿Por qué ese amor a las especies tradicionales?

HOMBRE: Vengo de una familia de cocineros, recuerdo el aroma de las verduras de la huerta: el apio, el tomate, la coliflor...

MUJER: Huerta que usted sigue cultivando, ¿no es así?

HOMBRE: Nosotros no compramos ni repollo, ni lombarda, ni zanahorias, ni muchas otras verduras. Yo voy a la huerta a las 10 y recolecto todo lo que nuestros clientes van a comer ese día en el restaurante.

MUJER: Ah, ah... ¿Y, qué tomates nos recomienda?

HOMBRE: Las variedades que nosotros usamos son corazón de buey, raf, moruno... La mayoría son de nuestra huerta.

MUJER: Tengo entendido que participa en proyectos ecológicos.

HOMBRE He participado, junto con otros cocineros, en un programa medioambiental de la Comunidad de Madrid que va pueblo por pueblo recolectando semillas de tomates ancestrales para poder reproducirlas y plantarlas en nuestros huertos. Es un trabajo arduo, pero creo es que una labor muy positiva, que permitirá que nuestros hijos disfruten de las variedades autóctonas.

PISTA 7

HOMBRE: ¡No se olvide de las nueces!

La nuez es un fruto seco que se considera originario de Persia o de China. Es bien conocido su alto valor energético y tiene más propiedades que cualquier otro fruto seco. Las nueces se suelen comer crudas y se recomienda tomar tres o cuatro al día para aportar al organismo fibra, hidratos de carbonos y proteínas. También se le han atribuido propiedades para mejorar la memoria y la actividad mental. Sin embargo, por su alto aporte de calorías no resulta recomendable a las personas que están haciendo dietas de adelgazamiento.

PISTA 8

MUJER: Como ya se va notando el calor, hoy me apetece preparar un rico gazpacho. En mi casa no falta en todo el verano. Es sano, natural y muy refrescante. ¿No lo has probado todavía? Pues verás qué fácil es. ¡Manos a la obra!

Repasemos primero los ingredientes: 1 kilo de tomates maduros, 400 gramos de pepinos, 400 gramos de pimientos verdes, 1 cebolla mediana, 2 dientes de ajo, un poco de pan (mejor si es del día anterior), 10 cucharadas de aceite, 5 cucharadas de vinagre y un pellizco de sal.

Antes de nada, hay que poner el pan en remojo. Mejor si el agua está fría. Después, lavamos bien todas las verduras. Luego las cortamos. Cortamos el tomate, los pepinos, los pimientos y la cebolla. Picamos el ajo. Y ahora, metemos todo esto en la batidora y lo trituramos.

Una vez bien batido, añadimos el pan, el aceite, el vinagre y la sal. Lo mezclamos todo otra vez bien en la batidora.

Finalmente, lo pasamos a un recipiente y lo dejamos reposar en la nevera. Lo ideal es tomarlo frío. También puedes añadir unos cubitos de hielo.

Sírvelo acompañado de las verduras bien cortaditas, en trocitos muy pequeños.

Ummm, ¡qué rico me ha quedado!

UNIDAD 5

PISTA 9

MUJER: En el programa de hoy vamos a ofrecerte algunos consejos para viajeros. Son consejos conocidos por la mayoría de nosotros, pero que algunos olvidamos y eso puede arruinar nuestro viaje.

LOCUTOR: 1

MUJER: Si vas a viajar al trópico y te vas a hospedar en un alojamiento económico y modesto, echa una ojeada a las sábanas y colchas antes de acostarte. Y mira dentro de tus zapatos y entre tu ropa antes de ponértelos, no vaya a ser que algún insecto se haya escondido y te salude con una indeseada picadura.

LOCUTOR: 2

MUJER: Consulta las normas aduaneras de los países que piensas visitar: pueden existir restricciones acerca de los productos que puedes llevar al país.

LOCUTOR: 3

MUJER: Cuando tengas pensado llevar algún aparato eléctrico (un secador de pelo, por ejemplo), averigua si lo vas a poder usar en tu destino en función del voltaje de la instalación eléctrica. Ten en cuenta que puedes necesitar un enchufe adaptador.

LOCUTOR: 4

MUJER: Si vas a facturar tu equipaje, llévalo siempre bien identificado con tu nombre, tu dirección y un teléfono de contacto. Incluye también identificación dentro de la maleta. Un equipaje bien identificado es más fácil de rastrear en caso de pérdida. También es útil poner alguna cinta de color vistoso en torno a la maleta o atar un lazo en el asa: esto permite verla con más claridad en la cinta de equipajes y evitar confusiones con otras maletas parecidas.

PISTA 10

LOCUTOR: 1

HOMBRE 1: A mí me encanta viajar: es lo que más me gusta. En cuanto tengo algo de dinero ahorrado, me voy por ahí: adonde sea, solo o acompañado. En tren, en autocar, en barco... No me importa, el caso es salir, volar.

LOCUTOR: 2

MUJER: 1: Yo, la verdad, no soy demasiado viajera, pero me toca viajar a menudo por mi profesión: me paso la mitad de mi vida en aviones. Trabajo para una compañía internacional y tengo que dar cursos y conferencias por todo el mundo. Y la verdad es que es agotador.

LOCUTOR: 3

HOMBRE 2: Gustar, gustar, pues la verdad: a veces me apetece hacer un viajecillo al extranjero. No sé, visitar alguna ciudad que tenga algo que sea realmente especial y por lo que valga la pena pagar todo el dinero que cuesta cualquier viaje, porque entre el transporte, el alojamiento, las comidas..., es que te gastas una fortuna.

LOCUTOR: 4

MUJER: 2: Pues, no sé qué decir, porque yo viajar, viajar, pues..., no mucho, la verdad. Bueno, todos los veranos voy al pueblo de mis abuelos y allí me lo paso muy bien. Pero, cuando trabaje y gane dinero, pienso viajar lejos, muy lejos. ¿Qué país es el que está más lejos de aquí? Porque ahí voy a ir yo.

LOCUTOR: 5

HOMBRE 3: ¿Que si me gusta viajar? ¡Me vuelve loco! Ahora bien, yo solo viajo cuando quiero y adonde quiero. Y siempre en primera clase. ¡Faltaría más! Ahora, con tantos turistas por todas partes ya no se puede mover uno con tranquilidad. Antes solo viajábamos unos cuantos y, claro, era otra cosa.

UNIDAD 6

PISTA 11

MUJER: El día 21 de septiembre está dedicado a la Enfermedad de Alzheimer.

La Organización Mundial de la Salud y la Federación Internacional del Alzheimer han elegido esta fecha para que toda la sociedad recuerde a los que han perdido sus recuerdos. Su propósito es dar a conocer la enfermedad y difundir información al respecto para, de este modo, recabar el apoyo de toda la sociedad: tanto de la población en general, como de las instituciones y organismos oficiales.

El número de afectados por esta enfermedad en el mundo es de unos 25 millones, de los cuales 700 000 aproximadamente serían españoles. Esta patología, cuyas causas siguen siendo desconocidas, aunque se destaca la importancia del factor genético como uno de sus agentes, se suele manifestar a partir de los 65 años y afecta a hombres y mujeres prácticamente por igual.

PISTA 12

SILVIA: Bueno, yo todavía soy joven y no quiero preocuparme ahora con esas cosas de la pérdida de memoria y volverme senil. Además, yo siempre he tenido muy buena memoria: me puedo aprender un número de teléfono de nueve cifras solo con que me lo repitan un par de veces. Y en mi familia, nunca nadie ha tenido eso, ¿cómo decían que era el nombre? ¿Al...? ¿Al...? Al-algo, ¿no?

MARCOS: Pues la verdad, a mí me crea mucha inquietud esta enfermedad y eso que soy joven. Cerca de mi casa hay un centro de atención a personas con demencia senil y cuando veo llegar a los abuelos me dan una pena horrible. Algunos tienen la mirada completamente perdida y están con cara de idos. No sé, de verdad, me dan mucha pena. Y qué quieres que te diga, pero no me gustaría nada tener Alzheimer cuando sea mayor.

ISABEL: A mí me preocupa poder llegar a tener esa enfermedad, no es que esté obsesionada, ni que me quite el sueño, pero sí que me preocupa. Y no solo porque ya me esté acercando a esa edad en la que dicen que empieza a manifestarse, sino porque me parece horrible perder la memoria e ir perdiendo las facultades. He leído algo sobre el Alzheimer y parece que las personas que lo padecen entran en grandes depresiones, se les olvida hacer cosas rutinarias como prepararse la comida y hasta llegan a perder el lenguaje... ¡qué triste!, ¡qué triste!

PISTA 13

MUJER: ¿Y te gustó mucho la película?

HOMBRE: Me sorprendió sobre todo el principio porque era un poco extraño.

MUJER: ¿Extraño? ¿Qué tenía de raro?

HOMBRE: La película empieza con un primer plano de un hombre joven con el pelo largo y moreno, de complexión fuerte..., ya sabes, con aspecto muy español, muy mediterráneo. Se le ve bajándose de un coche con una niña de la mano; una niña de unos 5 años, más o menos, también con el pelo largo y oscuro, pero que no parece su hija.

MUJER: Y entonces, ¿qué pasó?

HOMBRE: Empiezan a caminar por un parque y de repente se detienen cuando ven a una mujer rubia con cara de niña, que está con un hombre joven; bueno, joven pero..., calvo y con barba, con aspecto moderno.

Después aparece otra mujer, también rubia, pero con el pelo largo, que va acompañada de una niña, más o menos de la misma edad que la otra y también con el pelo largo y moreno, pero de rasgos orientales. Entonces, se escucha una sirena, se miran los unos a los otros y todos echan a correr en la misma dirección...

EXAMEN 1

PISTA 14

Diálogo 1

HOMBRE: Tienes cara de cansada.

MUJER: a) Sí, me cansa mucho.

b) He dormido poco.

c) Me he lavado la cara.

Diálogo 2

HOMBRE: La verdad es que es un gran escritor.

MUJER: a) Sí. Escribe muy bien.

b) Sí. Dice la verdad.

c) Sí. Tiene muchos libros.

Diálogo 3

HOMBRE: Todavía no conozco al nuevo profesor de Matemáticas.

MUJER: a) No lo sé.

b) Incluso a mí.

c) Yo tampoco.

Diálogo 4

HOMBRE: No han llegado los estudiantes. ¡No me lo puedo creer!

MUJER: a) No están aquí.

b) ¿No ha llegado ninguno?

c) ¿A qué hora han llegado?

Diálogo 5

HOMBRE: No encuentro las llaves del despacho por ningún sitio.

MUJER: a) Yo se las dejo al portero y así siempre sé dónde están.

b) Yo las busco en el despacho y así siempre las encuentro.

c) Yo no quiero encontrar las llaves, así siempre las busco.

Diálogo 6

MUJER 1: Este abrigo está nuevo, pero se me ha quedado pequeño y no me lo pongo nunca.

MUJER 2: a) Pues dáselo a tus hermanas: a alguna le servirá.

b) Tu abrigo rojo me encanta.

c) Ponte el abrigo, hace frío.

Diálogo 7

HOMBRE: ¿Has comido en ese restaurante del que habla todo el mundo?

MUJER: a) ¿Qué le dice todo el mundo?

b) ¿Que qué has comido?

c) ¿A cuál te refieres?

Diálogo 8

HOMBRE: Todavía no conozco el nuevo Museo de Arte Contemporáneo.

MUJER: a) Pues yo estuve la semana pasada.

b) Y por eso me encanta el arte.

c) Yo también lo conozco.

Diálogo 9

HOMBRE: Creo que hoy saldré muy tarde del trabajo. No podremos volver juntos a casa.

MUJER: a) No te preocupes, hoy volvemos juntos.

b) No importa. Te esperaré hasta que termines.

c) Está bien: volveré después del trabajo.

Diálogo 10

HOMBRE: Este pescado no huele muy bien. ¿Me lo como?

MUJER: a) Para mí, es necesario olerlo.

b) Yo que tú, lo dejaría.

c) En mi opinión, no come bien.

PISTA 15

Texto número 1

HOMBRE: ¿Sabes que Marta ha tenido gemelos?

MUJER: ¿Sí? Pues ya tenía una niña.

LOCUTOR: ¿Cuántos hijos tiene Marta?

Texto número 2

HOMBRE: Yo, por las mañanas siempre tomo un zumo de naranja y además un plátano.

MUJER: Yo también tomo zumo, pero de piña. El de naranja me hace daño y los plátanos no me gustan mucho.

LOCUTOR: ¿Qué toma la mujer en el desayuno?

Texto número 3

HOMBRE: Ayer pensaba quedarme en casa viendo la tele, pero me llamó Jorge y fuimos al cine: la verdad es que la película que vimos no era muy buena.

MUJER: Pues yo pensaba ir a ver una obra teatro, pero me quedé en casa viendo la tele.

LOCUTOR: ¿Qué vio el hombre?

Texto número 4

MUJER1: Cuando Laura era pequeña llevaba un uniforme con una blusa de rayas y una falda lisa.

MUJER 2: Mi hija también llevaba uniforme, pero el suyo tenía una falda de cuadros y una camisa blanca.

LOCUTOR: ¿Cómo era la falda del uniforme de Laura?

Texto número 5

HOMBRE: A mi hijo Jaime le encanta la playa: tomar el sol, jugar con la arena...

MUJER: Pues Pablo, aunque a ratos se entretiene con la arena, prefiere jugar con las olas.

LOCUTOR: ¿Qué le gusta a Pablo?

Texto número 6

HOMBRE: El otro día, Irene llevaba un anillo de plata precioso. Era muy elegante, pero muy simple.

MUJER: No, no era de plata. Era un anillo de oro con una piedra muy bonita.

LOCUTOR: ¿Cómo era el anillo de Irene?

Texto número 7

HOMBRE: Tengo que renovar mi equipo informático: ordenador, pantalla, teclado, ratón... todo.

MUJER: Pues yo lo he cambiado todo. Me compré un equipo nuevo la semana pasada. Lo único que no he querido cambiar es el ratón. Me gusta el que tengo.

LOCUTOR: ¿Cuál es la única cosa que no ha cambiado la mujer?

PISTA 16

MUJER: Recordamos a nuestros clientes que sigue nuestra ¡Semana Fabulosa! Precios fabulosos para productos fabulosos, incluso en las novedades. Ya puede comprar para usted y toda su familia la ropa de la nueva temporada: planta 1 para señoras, planta 2 para caballeros y planta 3 para niños. Y además, una variedad de productos con descuentos de hasta un 40 % en la planta baja. Y no olvide que también muchos precios han bajado durante esta ¡Semana Fa-

bulosa! en nuestro supermercado: ofertas especiales en carnes, pescados, productos lácteos, galletas, chocolate... Y siempre calidad excepcional a precios excepcionales.

Recuerde, ¡solo esta semana!

PISTA 17

MUJER 1: Centro de especialidades médicas. Buenas tardes.

MUJER 2: Buenas tardes. Quería pedir hora con el Dr. García.

MUJER 1: Perdone, ¿para qué especialidad? Hay tres doctores García.

MUJER 2: Para pediatría. Creo que es el Dr. García Polo.

MUJER 1: De acuerdo. Pues este doctor solo tiene consulta lunes y jueves por la tarde y martes por la mañana. Va usted a tener suerte: me acaban de anular una cita este jueves, o sea, pasado mañana, a las tres y media. ¿Le viene bien?

MUJER 2: ¡Ay! ¡Cuánto lo siento! Yo no salgo de trabajar hasta las cuatro y como tengo que ir a recoger al niño para llevarlo a la consulta... No puedo llegar antes de las cinco o las cinco menos cuarto.

MUJER 1: Pues a partir de esa hora, ya no tengo nada hasta el siguiente jueves. Hay un hueco a las cinco y media.

MUJER 2: ¿Y el lunes no tiene nada?

MUJER 1: Sí. Pero también antes de las cuatro y media. Y el martes tengo un par de huecos, pero por la mañana, claro.

MUJER 2: Las mañanas, imposible. El niño va al colegio. Y yo trabajo.

MUJER 1: ¿Entonces el jueves de la semana que viene?

MUJER 2: Es que no querría esperar tanto tiempo. ¿Y no hay otro pediatra disponible pasado mañana jueves a media tarde?

MUJER 1: Pues no, señora, lo siento.

MUJER 2 Más lo siento yo. Porque el niño por ahora solo se queja de un poco de dolor de estómago después de comer, pero tengo miedo de que se ponga peor, le dé un ataque de apendicitis y tengamos que acabar en urgencias.

MUJER 1: ¿Se lo quiere pensar y llama más tarde?

MUJER 2 No, mejor deme hora el primer día que tenga algo libre a media tarde.

EXAMEN 2

PISTA 18

Diálogo 1

HOMBRE: ¿Todavía están aquí?

MUJER: a) Sí, ya han llegado.

b) No, ya se han ido.

c) Incluso han venido.

Diálogo 2

HOMBRE: El último tren acaba de salir hace cinco minutos.

MUJER: a) Tendremos que esperar hasta mañana.

b) Pues esperaremos cinco minutos.

c) No nos importa llegar en el último.

Diálogo 3

HOMBRE: Lleva cinco años dirigiendo la empresa con buenos resultados.

MUJER: a) ¡Cuánta empresa!

b) ¡Cuánto tiempo!

c) ¡Qué empresa!

Diálogo 4

MUJER: ¿Sabes? Estoy embarazada de cinco meses.

HOMBRE: a) ¡Quién sabe!

b) ¡Ojalá!

c) ¡Enhorabuena!

Diálogo 5

HOMBRE: Aunque vivo muy cerca del trabajo, siempre llego tarde.

MUJER: a) Pues no trabajes siempre.

b) Sal de tu casa un poco antes.

c) Pero no vivas tan cerca.

Diálogo 6

HOMBRE: ¿A qué hora quieres que te ponga el despertador?

MUJER: a) Después de las 8.

b) Antes de despertarme.

c) Te pongo el despertador antes de las 8.

Diálogo 7

HOMBRE: Lo que más me gusta de los días de fiesta es que no tengo que madrugar.

MUJER: a) A mí, también me encantan los días de fiesta.

b) Yo, en ningún caso. Me encanta madrugar.

c) Yo, en cambio, los festivos me levanto muy temprano.

Diálogo 8

HOMBRE: No te preocupes más. Se habrá perdido y por eso no ha llegado.

MUJER: a) No lo creo. Ha estado aquí muchas veces.

b) Si me preocupo, no va a llegar.

c) No me digas nada más. No se ha perdido.

Diálogo 9

HOMBRE: ¿Me puede indicar si hay alguna farmacia por aquí?

MUJER: a) Sí, en la primera calle a la izquierda hay una.

b) Ahora no estoy cerca de la farmacia.

c) No hay ninguna tan lejos de aquí.

Diálogo 10

MUJER 1: Antes comía de todo, pero ahora me he vuelto un poco escrupulosa y algunas cosas me dan asco.

MUJER 2: a) A mí también me daba asco casi todo.

b) Yo tampoco he vuelto a comer

c) Yo, hay cosas, que tampoco como.

PISTA 19

Texto número 1

MUJER: ¿Sabes? Me ha tocado algo de dinero en la lotería y voy a hacer un viaje con los niños. También necesito pintar la casa y cambiar de coche...

HOMBRE: Haces muy bien Yolanda: te lo mereces.

LOCUTOR: ¿Qué hará Yolanda con el dinero de la lotería?

Texto número 2

HOMBRE: Dudaba entre el helado, la tarta de manzana..., y eso que yo no suelo tomar postre, pero este flan está riquísimo.

MUJER: Sí. Es la especialidad de este restaurante.

LOCUTOR: ¿Qué postre está tomando el hombre?

Texto número 3

HOMBRE Cuando estoy de vacaciones me encanta levantarme tarde, pasear, leer... y, sobre todo, dormir la siesta.

MUJER: Pues a mí dormir la siesta me pone de mal humor. Lo que más me gusta es pasar tiempo leyendo.

LOCUTOR: ¿Qué prefiere hacer la mujer durante sus vacaciones?

Texto número 4

HOMBRE: Los niños quieren que los lleve al parque el viernes, pero iremos el sábado.

MUJER: Yo, en cambio, trabajo ese día, así que los llevaré el jueves.

LOCUTOR: ¿Qué día tiene que trabajar la mujer?

Texto número 5

HOMBRE: Lola me ha pedido que le lleve algunas ramas para no sé qué.

MUJER: ¿No te habrá dicho que le lleves una planta o un ramo?

HOMBRE: No, no, unas ramas. Imagino que es para adornar la casa ahora que viene la Navidad...

LOCUTOR: ¿Qué quiere Lola?

Texto número 6

HOMBRE: ¿Quieres probar este jamón? Está riquísimo. Aunque después de tomar todas esas nueces...

MUJER: Lo que tengo es sed, los frutos secos que me has dado antes me han dejado la boca seca. Necesito beber algo.

LOCUTOR: ¿Qué está ofreciendo el hombre?

Texto número 7

HOMBRE: Creo que te has mudado de casa.

MUJER: Pues sí: antes vivía en el centro de la ciudad y ahora vivo junto a la playa. Mi familia quería ir al campo, pero al final los convencí y nos hemos instalado junto al mar.

LOCUTOR: ¿Dónde vive la mujer?

PISTA 20

HOMBRE: ¡Atención! ¡Atención! Mensaje importante para los usuarios del Metro. La compañía informa de que, a causa de las obras que se están realizando en los nuevos túneles para la ampliación de las líneas 1 y 2, se ha producido un movimiento de tierras que ha afectado a la red del tendido eléctrico, por lo cual se ha visto interrumpido el servicio de la línea 3 entre las estaciones de Puerta de la Luz y Universidad y de la línea circular en sentido este-oeste. Se prevé que este corte se prolongue alrededor de una hora. Por lo tanto, se recomienda a los viajeros utilizar otras líneas alternativas.

Nuestros equipos de mantenimiento están trabajando para restablecer el servicio lo antes posible. Lamentamos las molestias y seguiremos informando.

PISTA 21

MUJER: 1: Buenos días. ¿En qué puedo ayudarla?

MUJER: 2: Hola. Buenos días. Quería información sobre el gimnasio: qué ofrecen sus instalaciones, sus horarios, sus precios...

MUJER 1: Muy bien. Ahora mismo le informo. Una preguntita, ¿cómo ha sabido de nosotros? ¿Por nuestra publicidad en los medios, por algún conocido que ya es socio nuestro...?

MUJER 2: Bueno, sí he visto sus anuncios en la prensa, pero en realidad he venido a informarme porque vivo aquí y paso por delante prácticamente todos los días y para mí es importante tener el gimnasio cerca de casa, si está lejos y tengo que ir en metro, o autobús o en coche, pues, me da pereza y...

MUJER 1: Muy bien, ya veo. O sea que es usted vecina. Pues estupendo, entonces. Mire, yo le explico. Disponemos de unas instalaciones muy completas con máquinas para realizar todo tipo de actividades aeróbicas: caminar, correr; así como bicicletas estáticas en la sala principal. También contamos con una sala de musculación y otra para relajación. Ofrecemos clases guiadas de niveles diferentes y con un horario muy amplio: desde las 8 de la mañana hasta las 9 de la noche. Si a usted le interesa alguna, debe apuntarse previamente para poder organizar los grupos, pero si no le gusta la clase, por supuesto que, avisando, se puede cambiar a otro grupo.

Y nuestro horario es todos los días de la semana: todos, incluso los fines de semana de 7 de la mañana a 11 de la noche...

MUJER 2: Sí, sí, muy bien. Pero antes me gustaría que me enseñara...

MUJER 1: Sí, sí, ahora pasamos a ver las instalaciones para que usted misma pueda...

MUJER 2: Estupendo, pero antes necesito saber sus precios, porque, claro, dependiendo de lo que cueste pues...

MUJER 1: Claro que sí, pues tenemos esta hoja de información con los precios...

EXAMEN 3

PISTA 22

Diálogo 1

HOMBRE: ¿Te apetece ir a bailar esta noche a ese sitio nuevo? Ponen una música antigua, pero que está muy bien.

MUJER: a) Mañana por la noche no puedo.

b) Si estuviera libre esta noche...

c) Me encanta la música moderna.

Diálogo 2

HOMBRE: Mi hermana y mi cuñado están preparando una gran fiesta para celebrar su quinto aniversario de boda.

MUJER: a) Todo el mundo celebra su cumpleaños.

b) Mi hermana tiene cinco hijos.

c) Espero que me inviten.

Diálogo 3

HOMBRE: Tienes que llamar por teléfono a la abuela, que está enferma.

MUJER: a) Ya está enferma.

b) Ya la he llamado.

c) Llámame mañana.

Diálogo 4

HOMBRE: ¿Has visto cómo han dejado todo después de la fiesta? Lleno de papeles, bolsas de plástico, botellas vacías...

MUJER: a) Podrían haber tirado todo eso a la basura.

b) Deberían haber limpiado la nevera.

c) Tendrían que haber organizado una fiesta.

Diálogo 5

HOMBRE: ¡Qué raro que Marta no esté ni en su cuarto ni en la biblioteca estudiando!

MUJER: a) Había estado en otros lugares.

b) Ha ido a dar una vuelta.

c) Habrá sido algo extraño.

Diálogo 6

MUJER: ¿Puedo hablar con Belén, por favor? Soy su amiga Luisa.

HOMBRE: a) Un momento, voy a ponérselo.

b) No está. ¿Quiere dejar un recado?

c) No puedo. ¿De parte de quién?

Diálogo 7

HOMBRE: Esta ciudad es enorme: siempre me pierdo.

MUJER: a) Pues, busca un mapa.

b) Pues, busca una dirección.

c) Pues, cómprate un buen plano.

Diálogo 8

HOMBRE: Todavía no conozco el nuevo Museo de Arte Contemporáneo.

MUJER: a) Pues yo estuve la semana pasada.

b) Yo también.

c) También visité un museo desconocido.

Diálogo 9

HOMBRE: Llevo toda la mañana buscando a Marisa para felicitarla por su boda. ¿Tienes idea de dónde puede estar?

MUJER: a) No habrá vuelto de la luna de miel.

b) Saldrá pronto a comprar una tarta.

c) Será muy feliz.

Diálogo 10

HOMBRE: El nuevo empleado me asusta un poco. Me parece bastante arrogante y con poco sentido del humor.

MUJER: a) A mí también me divierte.

b) Yo tampoco lo aguanto.

c) Es verdad que es feo.

PISTA 23

Texto número 1

HOMBRE: Yo que tú, iría en autobús: es más barato que el tren y que el avión.

MUJER: También hay vuelos muy baratos.

LOCUTOR: ¿Qué transporte recomienda el hombre?

Texto número 2

HOMBRE: Ayer, antes de subir al tren, estuve en el kiosco de la estación. Como ya tenía el periódico, dudé si comprar un libro o una revista de viajes. Me decidí por la última novela de Vargas Llosa.

MUJER: Yo también la he leído y me encantó.

LOCUTOR: ¿Qué compró finalmente?

Texto número 3

HOMBRE: La pobre tuvo una caída horrible: se rompió el tobillo, se torció la muñeca y se hizo daño en la rodilla.

MUJER: Y creo que también lleva un collarín en el cuello.

LOCUTOR: ¿Qué se rompió la persona que se cayó?

Texto número 4

HOMBRE: Es imposible decirle lo que tiene que hacer porque todo se lo toma como una ofensa: llora, se deprime...

MUJER: Yo también tenía una alumna que cuando le corregía algo se ponía a gritar, a mover las manos y los pies, a insultar...

LOCUTOR: ¿Cómo reacciona la persona de la que habla el hombre?

Texto número 5

HOMBRE: El viernes fui al cine y vi una película aburridísima, y el sábado en el teatro una obra de lo más deprimente. El domingo decidí salir a dar un paseo a ver si me animaba un poco.

MUJER: Tienes razón. Yo cuando quiero animarme, ni cine, ni teatro. El ejercicio físico es lo mejor.

LOCUTOR: ¿Qué anima a estas personas?

Texto número 6

HOMBRE: Me duele un poco el estómago, ¿me recomiendas alguna pastilla, jarabe o algo?

MUJER: Mi abuela nos solía preparar una infusión caliente para eso, pero yo no recuerdo qué llevaba. Parecía un jarabe porque le ponía bastante azúcar.

LOCUTOR: ¿Cómo trataba el dolor de estómago la abuela de la mujer?

LOCUTOR: Texto Número 7

HOMBRE: En tu país, ¿cómo se saluda la gente? ¿Se dan la mano? ¿Un beso? ¿Un abrazo?

MUJER: Depende. Con los amigos es más común dar un beso, o dos. Yo creo que la mano es más formal.

LOCUTOR: Según la mujer, ¿cómo se suelen saludar las personas que se conocen?

PISTA 24

MUJER: No nos cansaremos de insistir en la importancia de una alimentación saludable desde la infancia. Es verdad que se debe comer de todo, pero de todo lo que es bueno para el funcionamiento correcto de nuestro organismo. Hay que comer verduras y frutas todos los días, así como cereales –si son integrales mucho mejor– y tampoco olvidemos las legumbres: garbanzos, lentejas, judías... deben aparecer con frecuencia en una dieta equilibrada.

Además de qué comemos también es importante cómo lo comemos: las frutas y algunas verduras no necesitan ningún tipo de cocción. Pero, cuando cocinemos nuestros alimentos, hagámoslo de la manera adecuada: carnes y pescados a la plancha, acompañados de una buena ensalada o de una menestra de verduras nos proporcionarán una buena dosis de proteínas pero con un mínimo de grasa. Pero, atención, no todas las grasas son malas: nuestro organismo también las necesita. Y una fuente excelente de grasas saludables la encontramos en el aceite de oliva virgen.

PISTA 25

MUJER: Central Librera Hispánica.

HOMBRE 1: Buenas tardes. Quería hacer una reclamación de un pedido de libros que hice por internet.

MUJER: Un momento, por favor, le paso con atención al cliente.

HOMBRE 2: Atención al cliente. Le habla Diego.

HOMBRE 1: Buenas tardes. Quería hacer una reclamación de un pedido de libros que hice por internet. Completé el formulario de pedido en su página web, di mi número de tarjeta de crédito, que por cierto, me cobraron inmediatamente y...

HOMBRE 2: Perdone, señor, ¿en qué fecha realizó usted su pedido?

HOMBRE 1: Pues exactamente el 13 de febrero y estamos a 10 de marzo. O sea que hace casi un mes y en la solicitud decía que el envío tardaría máximo una semana y yo...

HOMBRE 2: Perdone, señor, y cómo no nos ha llamado antes...

HOMBRE 1: ¡Qué cómo no he llamado antes! Pero, hombre, no me diga usted eso. Si es imposible conseguir que alguien conteste ese teléfono: llevo llamando dos semanas todos los días. Pero bueno, ahora lo que me interesa es que me llegue mi pedido o, mejor todavía: que me reembolsen mi dinero.

HOMBRE 2: Perdone, señor, ¿me puede facilitar su número de referencia para que compruebe qué ha pasado? Lo encontrará en la parte de arriba de la solicitud, en la esquina derecha.

HOMBRE 1: A ver, a ver... ¡Sí! Aquí está. Es 6065543.

HOMBRE 2: 6065543. Pedido a nombre de Aurora Beltrán. *La rebelión de las masas*.

HOMBRE 1: ¡Cómo que Aurora Beltrán! Yo no soy Aurora Beltrán, ni he pedido ese libro.

HOMBRE 2: Pues déjeme seguir investigando. Seguro que ha habido algún fallo al introducir su pedido en el sistema y se ha confundido con el de otra persona. A ver... Sí. Esta señora hizo su pedido al mismo tiempo que usted y el sistema ha duplicado los datos. Le pedimos disculpas.

HOMBRE 1: Sí, si yo les disculpo, pero lo que quiero es que me solucionen este problema.

Soluciones

UNIDAD 1

1 1 b; 2 d.

2 1 Previsión; 2 Conversaciones; 3 Autoría; 4 Informática; 5 Cautela; 6 Documentos.

3 1 d; 2 c.

5 1 a; 2 c.

11 1 horarios; 2 gestión; 3 laboral; 4 conciliación; 5 descanso; 6 organiza; 7 encargos; 8 jornada; 9 empresas; 10 oficina; 11 productivos.

12 Laura Rodríguez.

13 1 Asesores comerciales en la zona de Madrid; 2 Concertar y mantener entrevistas con personas interesadas en los productos de la empresa; 3 Personas con carácter marcadamente comercial, capacidad de trabajo, autonomía y organización; 4 Trabajo estable durante todo el año, formación continua, ingresos en función de las ventas y formar parte de un equipo en la empresa; 5 El lunes 3 y el martes 4; 6 Al 918388430.

16 **Imperativo:** Cierra tus archivos privados; Sé especialmente precavido; Asegúrate de que tus compañeros...; No pongas todos los datos en el escrito; Resérvate algo.

Aconsejar, recomendar, sugerir: Conviene vigilar lo que hablamos; Recomendamos ser muy discretos; No deberíamos; Hay que saber dónde se habla; Te aconsejamos no dejar papeles comprometedores sobre tu mesa.

Deber + infinitivo, tener que + infinitivo: No deberíamos hacer confidencias.

Ser aconsejable / mejor / útil: Es aconsejable poner por escrito nuestras propuestas; Es muy útil controlar nuestro ordenador; Es mejor que tengas tus proyectos en casa.

18 1 Así pues; 2 Así que; 3 Hasta; 4 A lo mejor; 5 Pero; 6 Además; 7 incluso; 8 aunque; 9 por eso; 10 consecuentemente; 11 mientras.

19 **Adjetivos:** aniñado, creativo, honrado, productivo, imaginativo.

Sustantivos: niño, niñez, niñería, creación, creatividad, honradez, producción, productividad, productor, imaginación.

20 1 niñez; 2 niño; 3 creativo; 4 honrado; 5 producción.

21 Muchos sustantivos acaban en –ción (creación). Muchos adjetivos acaban en –ivo y en –ado (creativo, honrado).

22 1 niñ; 2 crea; 3 honr; 4 produc; 5 imagina.

23 **Mundo laboral:** contrato, entrevista, sueldo, contabilidad, departamento, tener experiencia, despedir, profesión, ayudante, huelga, empresa, conferencia.

Mundo académico: matrícula, beca, enseñar, bachillerato, colegio, examen, aula multimedia, asignatura.

24 Contratar, despedir, ayudar, contabilizar, entrevistar, becar, enseñar, examinar.

UNIDAD 2

1 1 Lectura, cine, teatro y música; 2 Televisión, cine y música; 3 Sí; 4 En cuanto a la lectura sí hay diferencia; 5 Respuesta libre.

2 1 Falso; 2 Verdadero; 3 Falso; 4 Falso.

3 1 Falso. A los españoles les gusta más ver el deporte por televisión. Un 42 % no practica deporte nunca; 2 Verdadero. Estamos por debajo de la UE en hacer deporte; 3 Verdadero. Mueve mucho dinero; 4 Verdadero. El 82 % no hacen deporte; 5 Falso. Solo el 11 % va al gimnasio.

7 **Noticia 1:** cine / Respuesta libre; **Noticia 2:** tiempo libre de hombres y mujeres / Respuesta libre; **Noticia 3:** origen de las vacaciones / Respuesta libre.

8 1 a; 2 a; 3 b; 4 b; 5 b.

11 1 ir; 2 encantan; 3 prefiere; 4 quedarse; 5 soporta; 6 odia; 7 discutir; 8 gusta.

13 1 les gusta; 2 esté; 3 les encantan; 4 haya; 5 coma; 6 sorba; 7 le gusta; 8 dejen; 9 escuchar; 10 abrace; 11 sea; 12 marque; 13 gane.

14 **Aficiones culturales:** cine, protagonista, concierto, escenario, exposición, cartelera, sesión de tarde, decorado.

Aficiones deportivas: equipo, raqueta, cancha, estadio, bañador, partido, entrenador, balón.

Aficiones en el hogar: mando a distancia, coser, videojuego, cocinar, jardinería, película, novela, caja de herramientas.

15 el equipo, el mando a distancia, el videojuego, el cine, la raqueta, la jardinería, el/la protagonista, la película, el concierto, la novela, la cancha, el escenario, la exposición, la cartelera, el estadio, la caja de herramientas, el bañador, el partido, la sesión, el entrenador, el decorado, el balón.

16 1 director; 2 protagonizada; 3 estrenó; 4 proyectar; 5 verla; 6 vídeo; 7 versión original; 8 sesión.

17 1 futbolista; 2 motociclista; 3 tenista; 4 baloncestista ; 5 ciclista; 6 nadador; 7 waterpolista; 8 gimnasta; 9 golfista; 10 velista; 11 judoka; 12 atleta.

UNIDAD 3

1 1 festividad; 2 fiesta; 3 festeja; 4 festividad; 5 festejos; 6 festivales; 7 festejo; 8 festín; 9 fiesta.

2 a la llegada del solsticio de verano; **b** hogueras y fuegos; **c** una manera de dar más fuerza al Sol; **d** un carácter cristiano como pagano; **e** festivales de música, teatro y cine; **f** algún dulce típico o plato especial; **g** también se celebra en otros puntos de Europa.

3 C.

4 A.

5 1 No. En el año 2009 se instauró el Día E para reconocer la importancia del Español; 2 No. Fue instaurado por el Instituto Cervantes; 3 No. El Día E se celebra el sábado más cercano al solsticio de verano.

8 1 respuesta libre; 2 b; 3 c; 4 a; 5 b.

11 1 **a** ella, **b** ella; 2 **a** los, **b** los; 3 **a** la, **b** la; 4 **a** la, **b** la; 5 **a** lo, **b** lo, **c** lo.

12 1 **a** me, **b** me; 2 **a** se la, **b** se la; 3 **a** se la, **b** se la; 4 **a** lo, **b** lo; 5 **a** sela / se la, **b** sela / se la; 6 **a** sela / se la, **b** sela / se la.

14 **Texto 1:** 1 conmemoración; 2 homenajear; 3 celebrar; 4 cumpleaños; 5 festividad; 6 festivo.

Texto 2: 1 aniversarios; 2 tradiciones; 3 regalos; 4 bodas; 5 convidar; 6 festeja; 7 obsequiar; 8 Conmemora; 9 Celebrar; 10 Agasaja; 11 plata; 12 oro.

UNIDAD 4

1 1 Es un espacio dedicado a la investigación tecnológica y a la creatividad en la cocina; 2 En el monte de San Benet de Bages, en las laderas de las montañas de Montserrat y junto al río Llobregat; 3 Lo lidera el cocinero Ferrán Adriá y lo asesora el Dr. Valentín Fuster, cardiólogo.

3 1 No, parece ser que ya existía en tiempos del Imperio romano; 2 Respuesta libre; 3 Respuesta libre; 4 Respuesta libre.

6 1 golpe; 2 examinar; 3 actualmente; 4 disgustado; 5 prever; 6 tener en su poder; 7 agricultor; 8 conseguir recursos; 9 a lo mejor; 10 encontrarse; 11 auténtico; 12 saborear; 13 premiado.

7 1 Seleccionaban las que mejor se habían adaptado al terreno y las que resultaban buenas en la mesa; 2 La competencia con Almería y Marruecos con costes de producción mucho menores; 3 Que los labradores se ganen la vida cultivando tomates; 4 Recuperar los sabores, volver a paladear la esencia de los tomates.

10 a.

11 1 China; 2 tres / proteínas; 3 memoria; 4 dietas.

12 **Ingredientes:** 1 kilo de tomates maduros, 400 gramos de pepino, 400 gramos de pimiento verde, 1 cebolla, 2 dientes de ajo, un poco de pan duro, 10 cucharadas de aceite, 5 de vinagre y un pellizco de sal.

Pasos: 1 Poner el pan en remojo; 2 Lavar las verduras; 3 Cortar los tomates, los pepinos, los pimientos y la cebolla; 4 Picar el ajo; 5 Meter todo en la batidora; 6 Añadir pan, aceite, vinagre y sal; 7 Mezclarlo todo y volver a pasarlo por la batidora; 8 Dejarlo reposar en la nevera.

16 **A (nombre + adjetivo):** monasterio medieval; centros de investigación gastronómicos; arte medieval; investigación tecnológica; tradición culinaria; productos autóctonos;

programa educativo; dieta equilibrada; investigación gastronómica; proyectos más inmediatos; talleres pedagógicos; enfermos oncológicos; relevancia internacional; productos agroalimentarios; alimentación sabia.

B (adjetivo + nombre): magnífico monasterio; mejores conjuntos; prestigioso cocinero; renombrado cardiólogo; nuevas texturas; mejores cocineros; nuevas aplicaciones; baja temperatura; buenos hábitos; buen consejo.

Respuesta libre.

17 **Especificativas:** 1, 2, 7.
Explicativas: 3, 4, 5, 6.

18 1 a; 2 b; 3 a; 4 b; 5 a.

19 1 tenga; 2 cocina; 3 pueda; 4 sepa; 5 cocinan; 6 es.

20 1 huerta; 2 jardín; 3 tomate; 4 apio; 5 ajo; 6 aceite.

21

```
Z I W E R T Y Ú Í
X R T U N F G P Q
C O S A L M Ó N W
V D X R L I A O E
B A T W R M Z Y R
N B Y U F E X T O
Ñ A D B N R C P M
O L Y O L L R E M
C L E N G U A D O
V O P I R Z L N R
E N A R Z A T Ú N
P E R O T R P T P
I L Y Ñ A O R E M
H F E R Ó M U X T
```

22 1 pescador; 2 pescadero; 3 pescadería; 4 agricultor; 5 verdulero; 6 verdulería; 7 panadero; 8 panadero; 9 panadería; 10 carnicero; 11 carnicería; 12 pastelero; 13 pastelero; 14 pastelería.

23 1 c; 2 e; 3 b; 4 f; 5 h; 6 d; 7 a; 8 g.

24 terreno; genial; global; mundo; pasional; sexual; generacional; parte; astro; doctoral; invernal; mes; anual.

UNIDAD 5

1 1 b; 2 d; 3 c; 4 respuesta libre.

2 1 huele; 2 última; 3 diciembre; 4 astronauta; 5 paseo; 6 alguien; 7 astronautas; 8 oxígeno; 9 lunar; 10 mismo.

3 1 Sí; 2 **a** Sí, **b** No, **c** Sí; 3 **a** Sí, **b** Sí, **c** no.

6 1 d; 2 e; 3 b; 4 a.

7 1 c; 2 g; 3 e; 4 b; 5 a.

11 1 voy; 2 tengo; 3 tengo; 4 tienes; 5 hago; 6 sepas; 7 sale; 8 encuentre; 9 doy; 10 hay; 11 vacuno; 12 necesitarás.

12 1 porque; 2 como; 3 porque; 4 como; 5 como.

13 1 será; 2 habrá; 3 querrá; 4 se convertirá; 5 podrá; 6 será; 7 será; 8 serán; 9 serán; 10 abriré.

14 **Hablar de acontecimientos futuros:** será, habrá, querrá, se convertirá, abriré.

Expresar incertidumbre o probabilidad en el presente: podrá, será, será, serán, serán.

15 1 salir; 2 tener; 3 comprar; 4 buscar; 5 averiguar; 6 informarse; 7 sacarse; 8 vacunarse; 9 consultar; 10 cambiar.

16 1 viaje; 2 paseo; 3 río; 4 excursión; 5 fuente; 6 agua; 7 expedición; 8 lago.

17 1 dentro de; 2 al cabo de; 3 al cabo de; 4 después de que; 5 Al fin y al cabo.

UNIDAD 6

2 1 Ejercicio físico, vida social activa, dieta saludable y dormir lo necesario; 2 Lectura; contacto social, juegos de memoria; 3 Respuesta libre; 4 Respuesta libre.

3 1 c; 2 c; 3 d; 4 a; 5 d; 6 c; 7 b; 8 b; 9 a; 10 c.

4 1 Investigar crímenes; 2 Determinar la paternidad; 3 Buscar antepasados; 4 Prevenir enfermedades; 5 Encontrar la media naranja.

5 c.

8 1 21 de septiembre; 2 b; 3 c; 4 b.

9 1 b; 2 c; 3 c; 4 b; 5 a.

10 a 6; b 2; c 5; d 3; e 4; f 1.

15 1 Vivían; 2 podía; 3 gustaba; 4 era; 5 pasaba; 6 era; 7 eran; 8 venían; 9 llevaban; 10 llovía; 11 hacía; 12 era; 13 encontraban; 14 parecía; 15 fue; 16 empezó; 17 era; 18 estaba; 19 empezaba; 20 dio; 21 fue; 22 perdió; 23 llevaba; 24 acompañó; 25 llevó; 26 mandó; 27 fue; 28 tenía.

16 1 fue; 2 identificó; 3 desempeñaba; 4 estudiaba; 5 tenía; 6 dio; 7 era; 8 Trató; 9 llegó; 10 murió; 11 examinó; 12 hizo; 13 recogió; 14 presentaban; 15 categorizó; 16 era; 17 usaba; 18 contribuyó.

17 1 es; 2 somos; 3 vamos; 4 venimos; 5 estamos; 6 es; 7 somos; 8 estamos; 9 es.

18 1 estoy; 2 ser; 3 ser; 4 estoy; 5 ser; 6 es; 7 Es; 8 estoy; 9 es; 10 estoy; 11 estoy; 12 es; 13 está; 14 estoy; 15 está; 16 estoy; 17 es.

19

```
Z I W E R T Y U I
X B T O S E U H Q
C I T P N F G P W
V Ó X R L O A Ó L
B L T E A L Z E R
N O Y U V E I T O
T G D C I P C P M
Y O Y A L U L É C
É P Á S A N G R E
S E I B S O R U N
N N S G E M H F R
E S T O R N U D O
G L Y Z X J E G S
H S I S I L Á N A
```

20 1 el; 2 el; 3 el; 4 la; 5 la; 6 el; 7 la; 8 el; 9 el; 10 el/los; 11 la; 12 el; 13 el; 14 la; 15 las; 16 el; 17 la; 18 el; 19 la; 20 el.

21 ADN: ácido desoxirribonucleico; 1 DNI; 2 NIF; 3 IVA; 4 RAE; 5 UVA.

22 1 psiquiátrico; 2 inmediatamente; 3 diagnosticar; 4 despistado; 5 perezoso; 6 alimentación; 7 pérdida; 8 cerebrales.

23 1 rápidamente; 2 fácilmente; 3 urgentemente; 4 lentamente; 5 estupendamente; 6 difícilmente; 7 inmediatamente; 8 implacablemente; 9 intensamente, 10 fríamente; 11 alegremente; 12 inteligentemente; 13 tranquilamente; 14 extrañamente; 15 violentamente; 16 sutilmente.

Exámenes

EXAMEN 1

PRUEBA 1 Parte n.º1 **1** b; **2** c; **3** b.
Parte n.º 2 **4** b; **5** a; **6** b; **7** b; **8** b; **9** a; **10** c.
Parte n.º 3 **11** c; **12** c; **13** b; **14** b; **15** c; **16** b; **17** b; **18** a; **19** a; **20** b.
PRUEBA 3 Parte n.º1 **1** b; **2** a; **3** c; **4** b; **5** a; **6** a; **7** c; **8** a; **9** b; **10** b.
Parte n.º 2 **11** c; **12** a; **13** c; **14** c; **15** c; **16** a; **17** b.
Parte n.º 3 **18** b; **19** a; **20** a.
Parte n.º 4 **21** c; **22** c.
PRUEBA 4 Parte n.º 1 **1** b; **2** a; **3** b; **4** a; **5** b.
Parte n.º 2 **6** a; **7** i; **8** ñ; **9** b; **10** m; **11** g; **12** h; **13** k; **14** n; **15** d.
Parte n.º 3 **16** b; **17** a; **18** b; **19** c; **20** a; **21** c; **22** a; **23** b; **24** b; **25** c; **26** a; **27** b; **28** b; **29** c; **30** b.

EXAMEN 2

PRUEBA 1 Parte n.º 1 **1** c; **2** c; **3** c.
Parte n.º 2 **4** a; **5** b; **6** a; **7** a; **8** a; **9** c; **10** a.
Parte n.º 3 **11** c; **12** b; **13** b; **14** c; **15** c; **16** b; **17** a; **18** a; **19** c; **20** a.
PRUEBA 3 Parte n.º 1 **1** b; **2** a; **3** c; **4** c; **5** b; **6** a; **7** c; **8** a; **9** a; **10** c.
Parte n.º 2 **11** b; **12** a; **13** b; **14** c; **15** b; **16** c; **17** b.
Parte n.º 3 **18** b; **19** a; **20** b.
Parte n.º 4 **21** a; **22** b.
PRUEBA 4 Parte n.º 1 **1** b; **2** a; **3** b; **4** b; **5** a.
Parte n.º 2 **6** e; **7** j; **8** g; **9** n; **10** a; **11** c; **12** h; **13** d; **14** l; **15** i.
Parte n.º 3 **16** c; **17** b; **18** a; **19** a; **20** c; **21** a; **22** a; **23** c; **24** b; **25** a; **26** b; **27** c; **28** a; **29** a; **30** a.

EXAMEN 3

PRUEBA 1 Parte n.º 1 **1** b; **2** a; **3** b.
Parte n.º 2 **4** b; **5** b; **6** a; **7** b; **8** a; **9** b; **10** c.
Parte n.º 3 **11** b; **12** c; **13** c; **14** b; **15** a; **16** a; **17** a; **18** b; **19** b; **20** a.
PRUEBA 3 Parte n.º 1 **1** b; **2** c; **3** b; **4** a; **5** b; **6** b; **7** c; **8** a; **9** a; **10** b.
Parte n.º 2 **11** c; **12** b; **13** a; **14** c; **15** c; **16** a; **17** b.
Parte n.º 3 **18** b; **19** b; **20** a.
Parte n.º 4 **21** c; **22** b.
PRUEBA 4 Parte n.º 1 **1** c; **2** a; **3** a; **4** a; **5** c.
Parte n.º 2 **6** i; **7** d; **8** m; **9** h; **10** b; **11** e; **12** k; **13** n; **14** j; **15** a.
Parte n.º 3
16 b; **17** b; **18** a; **19** c; **20** c; **21** a; **22** b; **23** c; **24** a; **25** b; **26** a; **27** c; **28** b; **29** a; **30** a.